Inhalt

	Vorwort	**4**
I	**Nebensätze**	**5**
1	Definition	6
2	Subjekt- und Objektsätze	14
3	Adverbialsätze	20
	Zusammenfassung: Adverbialsätze	66
	Test: Adverbialsätze	67
4	Attributsätze	70
	Zusammenfassung: Nebensätze	78
	Schlusstest: Nebensätze	80
II	**Indirekte Rede**	**89**
1	Definition	90
2	Modus	94
3	Tempus	98
4	Pronomen	102
5	Satzarten	106
	Zusammenfassung: Indirekte Rede	110
	Schlusstest: Indirekte Rede	112
	Lösungen	**118**
	Verzeichnis grammatischer Fachausdrücke	**151**

Vorwort

Liebe Schülerin, lieber Schüler,

dieses Buch will dir helfen, deine Kenntnisse in der deutschen Grammatik zu erweitern und zu vertiefen.

Hier findest du

 ausführliche Regelkästen mit Beispielen,

 Übungen,

 Zusammenfassungen,

 Tests.

Die Regelkästen nennen dir die wichtigsten Eigenschaften und Merkmale der Nebensätze und der indirekten Rede. Du solltest sie dir im Zweifelsfall immer wieder durchlesen, auch wenn du vielleicht bei einem anderen Kapitel bist. Zurückblättern ist nicht verboten!

In den Übungen zeigst du dann, ob du den Stoff verstanden hast und ihn richtig anwenden kannst. Lass dir dabei Zeit! Beantworte die Fragen nach Möglichkeit schriftlich und lege dir ein Trainingsheft an, in das du immer dann deine Lösungen einträgst, wenn im Buch kein Platz dafür vorgesehen ist. So prägst du dir den Stoff gut ein und kannst ihn z. B. vor einer Prüfung leichter wiederholen.

Darüber hinaus findest du zuweilen am Ende eines Themenabschnittes Zusammenfassungen des behandelten Stoffes und zusätzliche Tests.

Nun viel Erfolg und bessere Noten mit Training Grammatik!

Nebensätze   I

1	**Definition**	6

2	**Subjekt- und Objektsätze**	14

3	**Adverbialsätze**	20

Definition	20
Temporalsätze	22
Kausalsätze	28
Finalsätze	34
Konsekutivsätze	40
Konditionalsätze	46
Konzessivsätze	52
Modalsätze	58
Zusammenfassung: Adverbialsätze	66
Test: Adverbialsätze	67

4	**Attributsätze**	70

Zusammenfassung: Nebensätze	78

Schlusstest: Nebensätze	80

1 Definition

Ein Nebensatz ist wie ein Hauptsatz ein vollständiger Satz. Der Nebensatz ist aber anders aufgebaut als der Hauptsatz.

Achte auf folgende **Merkmale** des Nebensatzes:

1. Im Nebensatz steht das **Prädikat** (= die konjugierte Verbform) immer **am Ende**.

   Beispiel: Hauptsatz: Kathrin **fährt** alleine in den Urlaub,
   Nebensatz: weil ihre Freunde keine Zeit **haben**.

2. Am Beginn des Nebensatzes steht ein Wort, das ihn **einleitet** und ihn **mit dem Hauptsatz verbindet**.

   Beispiel: Hauptsatz: Kathrin fährt alleine in den Urlaub,
   Nebensatz: **weil** ihre Freunde keine Zeit haben.

Drei Wortarten können einen Nebensatz einleiten:

a) **Unterordnende Konjunktion**
   Solche Nebensätze heißen **Konjunktionalsätze**.

   Beispiel: **Nachdem** Kathrin alleine losgefahren ist, verspürt sie plötzlich heftiges Heimweh.

b) **Relativpronomen**
   Solche Nebensätze nennt man **Relativsätze**. Ein Relativpronomen bezieht sich auf ein Wort im Hauptsatz.

   Beispiel: Kathrin nimmt einen **Zug, der** in dem kleinen Bergdorf hält.

c) **Fragewort**
   Solche Nebensätze heißen **indirekte Fragesätze**.
   Dabei musst du darauf achten, welche Art der Frage vorliegt. Ergänzungsfragen (oder W-Fragen) beginnen mit einem **Fragewort**. Entscheidungsfragen (oder Ja/Nein-Fragen) beginnen mit dem Wörtchen **ob**.

   Beispiel: Du fragst dich, **wer** Kathrin wohl empfangen wird.
   Du fragst dich, **ob** Kathrin vielleicht zu ihrer Oma gefahren ist.

6

1 Definition

Ein Nebensatz wird vom Hauptsatz immer durch ein Komma getrennt, auch wenn er vor dem Hauptsatz steht.

Beachte

Beispiel: Wer Kathrin empfängt, weiß sie noch nicht.

Nebensätze sind wichtig, weil sie bestimmte Teile des Hauptsatzes ersetzen. Man kann Nebensätze also nicht nur nach ihrer äußeren **Form** unterscheiden (Konjunktionalsätze, Relativsätze, indirekte Fragesätze), sondern auch nach ihrer **Funktion**, d. h., welche Teile des Hauptsatzes sie ersetzen.

1. **Gliedsätze** sind Nebensätze, die ein **Satzglied** ersetzen. Das Satzglied kann das **Subjekt**, ein **Objekt** oder eine **Umstandsbestimmung (= Adverbial)** sein.

   Beispiel: Nach dem freudigen Empfang durch ihre Oma (= Umstandsbestimmung) strahlt Kathrin wieder.
   Nachdem Kathrin freudig von ihrer Oma empfangen worden ist (= Gliedsatz), strahlt sie wieder.

2. **Attributsätze** sind Nebensätze, die ein **Attribut (= Beifügung)** ersetzen.

   Beispiel: Die Oma überrascht Kathrin mit einem selbst gebackenen (= Attribut) Kuchen.
   Die Oma überrascht Kathrin mit einem Kuchen, den sie selbst gebacken hat (= Attributsatz).

Nebensätze können auch von Nebensätzen abhängen.

Beispiel: Nachdem Kathrin alleine in den Urlaub gefahren ist, weil ihre beste Freundin keine Zeit hatte, verspürt sie doch großes Heimweh.

Damit du dich in diesen Begriffen besser zurechtfindest, werden die zwei Unterscheidungsarten hier noch einmal in Schaubildern dargestellt:

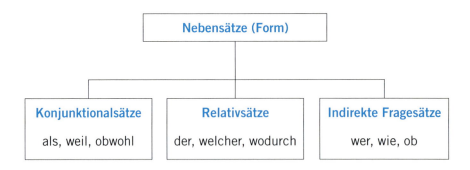

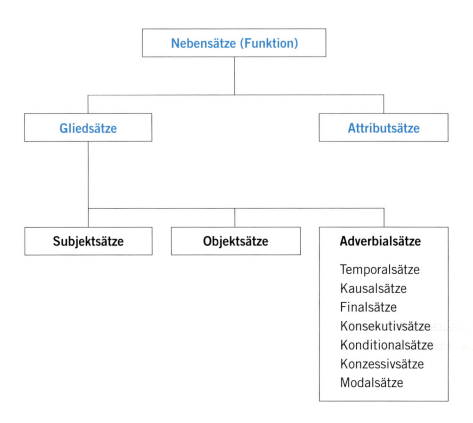

1.
Finde alle Nebensätze heraus und unterstreiche sie. Unterstreiche die Wörter, die die Nebensätze einleiten, doppelt.

So wird Käse hergestellt

Milch, Lab und Milchsäure werden zusammengemischt. Die Folge ist, dass diese Mischung langsam dick wird. Die feste Masse, die ein einzelner Mann gar nicht heben kann, wird mit einem Netz herausgeholt. Sie kommt dann in einen Kasten mit einem Deckel, der langsam nach unten gedrückt wird. Die runden Laibe werden in ein Salzbad gelegt, damit sie nicht verderben. Dort bleiben sie, bis sie fest sind. Nach einiger Zeit prüft der Käsemeister den Reifegrad. Nachdem der Käse zwei bis drei Monate gelagert hat, kann er verkauft werden.

Übrigens: Der Emmentaler hat unterschiedlich große Löcher, weil auch die Milchsorten verschieden sind.

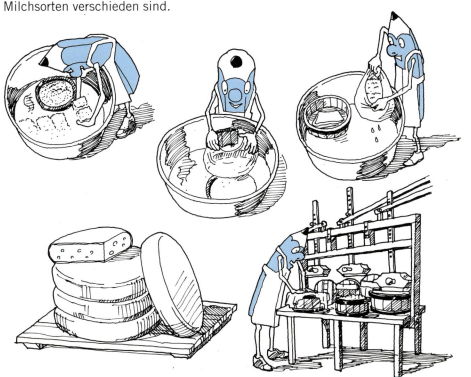

2.
Welche Nebensätze sind Konjunktionalsätze? Trage in die Klammer für Konjunktionalsätze ein K ein, andernfalls einen Strich, und unterstreiche die Wörter, die den Nebensatz einleiten.

Früchte aus fernen Ländern

Zalagh: Diese Frucht, die ( ) eine Schlangenlederhaut hat, besitzt ein trockenes, helles Fruchtfleisch. Wenn ( ) man sie geschält hat, kann man sie sofort essen. Weil ( ) ihr birnenartiger Geschmack gut zu Eis passt, wird sie gerne gegessen.

Nespoli: Diese kleine Frucht wird manchmal mit einer Pflaume verwechselt, weil ( ) ihre Form ihr sehr ähnlich ist. Das Fruchtfleisch, das ( ) aprikosenfarben ist, enthält viel Saft. Obwohl ( ) es leicht säuerlich schmeckt, passt es ganz gut zu vielen Speisen.

Carambola: Diese Frucht, die ( ) die Form eines Sternes hat, wirkt auf dem Tisch sehr schön. Man schneidet sie in Scheiben, damit ( ) sich der Rosenduft gut entfaltet. Seltsamerweise stört es die Leute nicht, dass ( ) das Fruchtfleisch etwas modrig schmeckt.

1 Definition

3.
Welche Nebensätze sind Relativsätze? Trage in die Klammer nur für Relativsätze ein R ein und unterstreiche zusätzlich das Bezugswort im Hauptsatz. Bei den Konjunktionalsätzen machst du einen Strich in die Klammer.

Wissenswertes über die Banane

Die Banane wächst rund um den Äquator, der (   ) die Erde wie eine Bauchbinde umgibt. Ursprünglich stammt die Banane aus dem Fernen Osten. Auf den Gewürzstraßen, die (   ) man nach der wichtigsten Ware benannte, kam sie nach Europa. Ungefähr 20 Jahre, nachdem (   ) Amerika entdeckt worden war, brachte ein Missionar die ersten Wurzelstöcke, die (   ) sehr kostbar waren, ins Land. Heute wachsen die Bananen meist in riesigen Plantagen, die (   ) von Wassergräben durchzogen sind. Die Bananen werden grün geerntet, damit (   ) sie nicht schon vor dem Transport reif sind. In Kühlschiffen, die (   ) eigens dafür gebaut sind, werden sie zu uns gebracht. Erst dann reifen sie aus und warten darauf, dass (   ) du sie isst.

4.
Unterscheide im folgenden Text die drei Nebensatzarten. Benutze folgende Abkürzungen: K = Konjunktionalsatz, R = Relativsatz und IF = indirekter Fragesatz.

Das würzige Geheimnis

Kaum jemand weiß die Antwort auf die Frage, wer salzig schmeckt und in diesem Jahr siebzig Jahre alt geworden ist (   ). Ja, er ist es: der Kartoffelchip. Viele wissen auch nicht, wie Kartoffelchips entstehen. (   ) Nachdem die Kartoffeln mit der Hand sortiert worden sind (   ), heißt es erst einmal warten. Ein raffiniertes Lüftungssystem sorgt dafür, dass die Kartoffeln nicht vorzeitig keimen (   ). In einer riesigen Trommel werden dann die Kartoffeln geschält und zerkleinert, damit sie leichter verarbeitet werden können (   ).

11

Nebensätze I

Eine Walze, die auf ein Zehntelmillimeter genau arbeitet ( ), schneidet sie dann in Scheibchen. In einem Fritierbad, das aus ungefähr 5000 Litern Öl besteht ( ), werden sie bei genau 170 Grad erhitzt. Wenn sie gesalzen sind ( ), werden sie noch mit verschiedenen Geschmacksstoffen gewürzt. Eine elektronische Waage sorgt schließlich dafür, dass jeder Verbraucher genau die gleiche Menge bekommt ( ). Am Ende sind aus einem Kilo Kartoffeln genau 250g Chips entstanden, die uns aus durchsichtigen Tüten entgegenlächeln ( ).

5.
Welche Nebensätze sind indirekte Fragen? Wandle sie in direkte Fragen um.

Beispiel: Ich weiß nicht, wer zum Essen kommt.
→ Wer kommt zum Essen?

Die tanzenden Schlangen

Sicher möchtest du wissen, wie die indischen Zauberer ihre Schlangen zum Tanzen bringen. Die Schlangen, welche meist ungefährlich sind, bewegen sich scheinbar nach den Klängen der Musik. Seltsam ist dabei die Tatsache, dass Schlangen von Natur aus taub sind. Also scheint es unerklärlich, weshalb die Schlangen sich so gut nach der Musik bewegen. Lange hat man gerätselt, wie die Zauberer das machen. Die Lösung ist einfach: Es sind nicht die Töne, nach denen die Schlangen sich bewegen, sondern die flinken Finger des Zauberers, die den Schlangen den „Takt" angeben.

1 Definition

6.

Finde alle Nebensätze heraus und unterstreiche sie. Unterstreiche die Wörter, die die Nebensätze einleiten, doppelt.

Wer bohrt eigentlich die Löcher in den Käse?

Jeden Sonntag sitzt du vor deinem Käse und fragst dich, wer die vielen Löcher in den Käse gebohrt hat. Ich sage dir, wer das macht.

Der Milch, die langsam auf 30 Grad erwärmt wird, fügt man Bakterien hinzu. Löcher sind noch keine da, weil ja auch noch kein Käse da ist. Nun verwandeln die Bakterien den Milchzucker, der in jeder Milch vorhanden ist, in Milchsäure. Die Milchsäure bringt die Milch zum Gerinnen, sodass ein Teil der Milch fest wird. Nachdem man die wässrige Molke abgelassen hat, bleibt die halbfeste Käsemasse zurück. Wenn man eine Weile wartet, dann reift der Käse und wird immer fester. Die Bakterien aber leben immer noch und atmen Gas aus, wie wir Menschen es ja auch tun. An verschiedenen Stellen sammelt sich das Gas, das natürlich dort die Käsemasse verdrängt. Endlich sind die berühmten Löcher da, die das Beste am Käse sind.

7.

Welche Sätze im vorangestellten Text sind Relativsätze? Finde sie und nenne das Bezugswort im Hauptsatz.
Welche Sätze sind indirekte Fragesätze? Finde sie und wandle sie in direkte Fragen um.

2 Subjekt- und Objektsätze

Einen Nebensatz, der das Subjekt oder Objekt des Hauptsatzes ersetzt, nennt man **Subjektsatz** bzw. **Objektsatz**. Ob ein Nebensatz ein Subjekt oder Objekt vertritt, kannst du durch Fragen herausfinden.

Beispiele:

Frage nach dem Subjekt: Wer oder was ist gut?
Wer begabt ist und gute Noten schreibt, ist gut. (Subjektsatz)

Frage nach einem Akkusativobjekt: Wen oder was finde ich schlimm?
Ich als Mädchen finde es schlimm, **wie sich Jungen oft benehmen.** (Objektsatz)

Frage nach einem Präpositionalobjekt: Worüber sind wir froh?
Später sind wir Jungen froh (darüber), **dass es Mädchen gibt.** (Objektsatz)

Subjekt- und Objektsätze können auf dreifache Weise eingeleitet werden:

a) durch eine **unterordnende Konjunktion**
Beispiel: Ich finde es schön, **wenn** Jungen und Mädchen sich gut vertragen.

b) durch ein **Relativpronomen**
Beispiele: **Wer** fleißig lernt, bekommt auch gute Noten.
Ich lerne fleißig, **wodurch** ich gute Noten bekomme.

c) durch ein **Fragewort**
Beispiel: **Ob** du fleißig lernst, weiß ich nicht.

2 Subjekt- und Objektsätze

> Subjekt- oder Objektsätze lassen sich durch Infinitivsätze oder Substantivausdrücke ersetzen. Dabei muss jedoch das Subjekt im Hauptsatz und Nebensatz gleich sein.
>
> Beispiel: **Ich** freue mich (darüber), dass **ich** im Lotto gewonnen habe.
> Ich freue mich (darüber) **im Lotto gewonnen zu haben**.
> Ich freue mich über **meinen Lottogewinn**.

1.

Bestimme, ob der blau gedruckte Substantivausdruck in den Hauptsätzen 1–5 S(ubjekt) oder O(bjekt) ist.
Trage dann in die Hauptsätze 6–10 die Nebensätze ein, die inhaltlich dazu passen.

Was denken Mädchen über Jungen und Jungen über Mädchen?

1. Jungen sind später froh über die Existenz der Mädchen. (   )

2. Bei den Noten spielt das Geschlecht keine Rolle. (   )

3. Mädchen finden das Verhalten von Jungen manchmal scheußlich. (   )

4. Es kommt auf die Hilfsbereitschaft der Jungen an. (   )

5. Ein Mädchen glaubt an das nette Wesen von Jungen. (   )

6. Jungen sind später froh, _____
   _____.

7. Bei den Noten spielt es keine Rolle, _____
   _____.

8. Mädchen finden es scheußlich, _____
   _____.

9. Es kommt darauf an, _____
   _____.

10. Ein Mädchen glaubt daran, _____
    _____.

Nebensätze I

2.
Wandle die Hauptsätze in entsprechende Objektsätze um: Aussagesätze werden zu dass-Sätzen. Fragesätze werden zu indirekten Fragesätzen. Achte dabei auf die Art der Fragen.

Fragen und Antworten für kluge Köpfe

1. Welche Stadt ist die älteste der Welt?
2. Wir Menschen leben seit Beginn der Welt erst 30 Sekunden.
3. Wie viele Nervenzellen hat das menschliche Gehirn?
4. Gab es in Deutschland einmal Menschenfresser?
5. Ein leichtes Tuch auf der Stirn erleichtert das Einschlafen.
6. Wir singen das Lied „Stille Nacht" nicht richtig.
7. Werden Goldfische älter als Menschen?
8. Die australischen Koala-Bären trinken kein Wasser.

Weißt du eigentlich,

1. _____?

2. _____
   _____?

3. _____?

4. _____?

5. _____
   _____?

6. _____?

7. _____?

8. _____?

2 Subjekt- und Objektsätze

3.
Überlege dir, ob der dass-Satz ein Subjekt oder ein Objekt vertritt. Verwende die Abkürzungen S und O.

Eigenlob stinkt

Es kommt schon mal vor, dass uns jemand wegen unserer günstigen Preise für ein bisschen verrückt hält (   ). Dass dies nicht so ist (   ), beweisen unsere zufriedenen Kunden. Die Wahrheit ist vielmehr, dass wir einen umfassenden Kundendienst anbieten (   ). Wir garantieren außerdem, dass die Möbel zu Ihnen nach Hause geliefert werden (   ). Wir versprechen auch, dass alles vor Ort fachgerecht aufgebaut wird (   ). Dass unsere Möbel trotzdem sehr günstig sind (   ), hat mit unserer Sparsamkeit zu tun. Dass Sie aber unsere Kataloge kostenlos bekommen (   ), betrachten wir als Selbstverständlichkeit.

4.
Bestimme, ob der dass-Satz ein Akkusativ- oder ein Präpositionalobjekt vertritt. Verwende die Abkürzungen A und P.

Nessie (Nach einem Bericht des Kapitäns William Brodie)

„Ich war überrascht darüber, dass es ein so großes Tier in einem Binnenmeer gibt (   ). Bald merkte ich, dass es kein Wal war (   ). Ich sah nämlich, dass hinter dem ersten Buckel ein zweiter auftauchte (   ). Dann tauchte das Tier unter. Ich wunderte mich darüber, dass es sich mit großer Geschwindigkeit fortbewegte (   ). Dabei sahen wir, dass das Tier sieben Buckel hatte (   ). Die Bugwelle war die eines schnell fahrenden Motorbootes. Dass dies der Wahrheit entspricht (   ), kann die ganze Mannschaft mit Ausnahme des Heizers bestätigen."

Nebensätze I

5.
Bestimme, ob die Sätze ein Subjekt, ein Akkusativ- oder ein Präpositionalobjekt vertreten. Verwende die Abkürzungen S, A und P.

Mädchen und Jungen

Vor einiger Zeit hat eine Zeitschrift eine Umfrage unter Jugendlichen gemacht. Das interessante Thema lautete: Wie sind Jungen, wie sind Mädchen? Das sind einige Antworten:

Meike: Ich glaube, dass manche Jungen wirklich nett sind (   ). Es kommt darauf an, dass sie hilfsbereit sind (   ). Wie sich einige in der Pause gegenüber Kleineren verhalten (   ), finde ich aber scheußlich.

Lena: Die meisten Jungen sind hilfsbereit. Es kommt manchmal sogar vor, dass Jungen ein Mädchen trösten (   ).

Anna: Die Jungen wollen immer, dass die Mädchen ihnen gehorchen (   ). Darum möchte ich einen hohen Posten im Staat. Die Männer sollen wissen, wo es langgeht (   ).

Timo: Später sind wir froh darüber, dass es Mädchen gibt (   ).

Marie: Bei den Noten spielt es keine Rolle, ob jemand ein Mädchen oder ein Junge ist (   ).

6.
Ersetze die Modalverben durch dass-Sätze und schreibe sie in dein Heft.
Wähle jeweils einen passenden Hauptsatz aus.

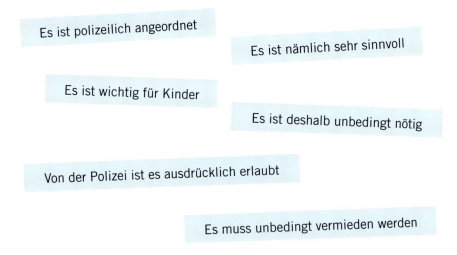

Beispiel: Man **soll** sich nach jedem Essen die Zähne putzen.
→ Es **ist ratsam, dass man sich nach jedem Essen die Zähne putzt**.

Kinder haben Vorfahrt

1. Durch verkehrsberuhigte Straßen müssen Autofahrer besonders rücksichtsvoll und vorsichtig fahren.

2. Kinder sollen auch auf der Straße spielen.

3. Sie wollen Erfahrungen in der näheren Umgebung sammeln.

4. Die Autofahrer müssen deshalb Schrittgeschwindigkeit einhalten.

5. Kinder dürfen die Straße in ihrer ganzen Breite benützen.

6. Sie dürfen durch Autos nicht gefährdet oder behindert werden.

3 Adverbialsätze

Definition

Adverbialsätze sind Nebensätze, die in einem Satz das Satzglied Adverbial (= Umstandsbestimmung, adverbiale Angabe) ersetzen. Ein Adverbialsatz erläutert, **unter welchen Umständen** etwas geschieht oder ist. So kannst du das Geschehen viel genauer und ausführlicher darstellen als mit einer einfachen Angabe, die manchmal nur aus einem Wort besteht.

Beispiel:

Danach (adverbiale Angabe) geht Dirk zusammen mit Tina ins Kino.
Nachdem Dirk seine Hausaufgaben gemacht hat (Adverbialsatz),
geht er zusammen mit Tina ins Kino.

Adverbialsätze sind die häufigsten Nebensätze und fast immer **Konjunktionalsätze**.
An der einleitenden Konjunktion erkennst du die **Sinnrichtung** des Nebensatzes. Adverbialsätze haben dieselben Sinnrichtungen wie adverbiale Angaben. Die Sinnrichtung kannst du erfragen.

Beispiele:

Sinnrichtung **Grund**:
Weshalb schmeckt das Popcorn heute besonders gut?
Weil das Popcorn sehr süß ist, schmeckt es heute besonders gut.

Sinnrichtung **Zeit**:
Wann gehen Tina und Dirk nach Hause?
Nachdem Tina und Dirk ihren Lieblingsfilm gesehen haben, gehen sie nach Hause.

20

1.
Lies den folgenden Text aufmerksam durch und beantworte die sich anschließenden Fragen.

Wie Schokoküsse entstehen

Die Grundbestandteile sind Zucker und Eiweiß. Bevor die Schokoküsse entstehen können, werden kleine runde Waffelböden in eine Maschine eingelegt. Während dies geschieht, wird an anderer Stelle der Fabrik Zucker gekocht. Der Zucker wird auf etwa 115 Grad erhitzt, damit er sich mit der übrigen Masse leicht verbindet. Dem Zuckersirup fügt man nun leicht erwärmtes Eiweiß hinzu, weil sich so die Zutaten besser miteinander vermischen. Während die Zutaten kochen, werden sie kräftig gerührt, sodass eine feste, cremige Schaummasse entsteht. Wenn sich alles schön verbunden hat, wird diese Masse durch Düsen auf die Waffelböden aufgespritzt. Die Eiweißhäufchen laufen, nachdem sie abgekühlt sind, durch einen Vorhang aus flüssiger Schokolade. Und erst wenn die Schokoküsse schön dunkelbraun sind, werden die süßen Verführer verpackt.

1. Wann werden die Waffelböden vorbereitet?

   _____

   _____

2. Mit welcher Absicht wird der Zucker auf 115 Grad erhitzt?

   _____

   _____

3. Weshalb wird leicht erwärmtes Eiweiß dem Sirup hinzugefügt?

   _____

   _____

4. Wann laufen die Eiweißhäufchen durch flüssige Schokolade?

   _____

   _____

Nebensätze I

Temporalsätze

Temporalsätze sind Nebensätze, die genauere Angaben zu den **zeitlichen Umständen** eines Geschehens machen. Sie können wie einfache temporale Angaben erfragt werden.

1. Temporalsätze antworten auf die Frage: **Wann?**

   Beispiel: **Wann** macht Felix seine Hausaufgaben?
   Bevor Felix Fußball spielen geht, macht er seine Hausaufgaben.

   Dabei ist es wichtig, wann das Geschehen im Vergleich zum Geschehen des Hauptsatzes stattfindet. Es gibt drei Zeitverhältnisse zwischen Haupt- und Nebensatz:

   a) **Gleichzeitigkeit**
   Das Geschehen in Haupt- und Nebensatz findet **zur selben Zeit** statt. Die Zeiten sind gleich. Folgende Konjunktionen brauchst du: **während, als, wenn**.

   Beispiel: **Während** er Hausaufgaben macht, spielt seine Schwester Klavier.

   b) **Vorzeitigkeit**
   Das Geschehen des Nebensatzes liegt zeitlich **vor** dem des Hauptsatzes. Die Zeiten in den beiden Sätzen sind verschieden. Zwei Konjunktionen solltest du kennen: **nachdem, als**.

   Beispiel: **Nachdem** Felix Fußball gespielt hat, besucht er seinen Freund Christian.

   c) **Nachzeitigkeit**
   Das Geschehen des Nebensatzes kommt zeitlich **nach** dem des Hauptsatzes. Die betreffenden Konjunktionen lauten: **ehe, bevor**.

   Beispiel: **Ehe** er sich wieder auf den Heimweg macht, geht er noch kurz bei Hannah vorbei.

3 Adverbialsätze

2. Temporalsätze bezeichnen auch den **Beginn** oder das **Ende** eines Geschehens. Die Fragen lauten: **Ab wann? Bis wann?** Der Beginn eines Geschehens wird durch die Konjunktion **seit(dem)** angezeigt.

Beispiel: Felix schaut öfter bei Hannah vorbei, **seit(dem)** er weiß, dass sie gerne am Computer spielt.

Das Ende wird durch die Konjunktionen **bis, solange** ausgedrückt.

Beispiel: Hannah übt jeden Tag am Computer, **bis** sie gegen Felix endlich gewinnen kann.

3. Schließlich kann der Temporalsatz noch die **Häufigkeit** eines Geschehens ausdrücken. Die entsprechenden Konjunktionen lauten: **jedesmal wenn, sooft**.

Beispiel: **Jedesmal wenn** Felix gegen Hannah spielt, gewinnt sie.

Nebensätze I

1.
Lies den folgenden Text aufmerksam durch und löse die sich anschließende Aufgabe.

Die Geburt eines Tischtennisballs

Für die Herstellung von Tischtennisbällen braucht man zunächst eine flache Platte aus Zelluloid. Nachdem man aus ihr für jeweils einen Tischtennisball zwei runde Scheiben herausgestanzt hat, werden sie in Wasser eingelegt, bis sie weich und biegsam geworden sind. In einer Presse werden dann daraus zwei Halbkugeln. Während die beiden Halbkugeln ineinander gesteckt werden, verklebt man sie zu einer ganzen Kugel. Nachdem man sie nochmals in Wasser eingeweicht hat, werden sie in einer Metallkugel mit Wasserdampf in ihre endgültige Form gebracht. Während sie in einer großen Trommel poliert werden, erhalten sie ihr vorgeschriebenes Gewicht. Ehe die Tischtennisbälle die Fabrik verlassen, wird noch ihre Qualität geprüft.

Ersetze die folgenden Zeitangaben durch die entsprechenden Sätze aus dem Text.

1. Nach dem Herausstanzen zweier Scheiben: _____

   _____

   _____

2. Nach dem Einweichen: _____

   _____

3. Während des Polierens: _____

   _____

4. Vor dem Verlassen der Fabrik: _____

   _____

2.

Setze die passenden Konjunktionen ein. Eine kleine Hilfe: Jede kommt zweimal vor.

während   nachdem   bevor

Der Fuchs und der Kranich

Einst lud der Fuchs den Kranich zum Mahl. _____ dieser sich zu Tisch gesetzt hatte, gab ihm der Fuchs eine flache Schüssel mit einem öligen Brei. Aber der Brei lief dem Kranich immer wieder aus dem spitzen Schnabel, _____ er ihn hinunterschlucken konnte. _____ sich der Kranich vergebens abmühte, verlachte ihn der Fuchs. Aber der Kranich sann auf Rache. _____ er den bösen Schlaumeier zu sich eingeladen hatte, stellte er eine hohe Flasche mit einem engen Hals auf den Tisch. Noch _____ der Fuchs den Trick durchschaute, holte der Kranich sich mit seinem langen Schnabel die köstlichsten Speisen. Vergnügt ließ er es sich schmecken, _____ der Fuchs hungrig danebensaß.

Nebensätze I

3.
Achte auf die temporalen Angaben. Wandle dann die Hauptsätze davor in Temporalsätze um und schreibe sie in dein Heft.

Tiere als Propheten

1. Im Zweiten Weltkrieg zerstörte ein Luftangriff große Teile Berlins. Zuvor hatte eine Ente durch schrilles Geschnatter die Anwohner gewarnt. Der Vogel kam im Bombenhagel um. Danach setzten die Menschen dem Vogel ein Denkmal.
2. Seit Jahrzehnten nisteten Tauben auf dem Wiener Justizpalast. Eines Tages verließen sie ihre gewohnte Behausung. Kurz darauf brannte dann das Justizgebäude ab.
3. In den Alpen ging im Februar 1939 eine riesige Lawine zu Tal. Kurz zuvor hatten sich die Bernhardinerhunde geweigert, den morgendlichen Rundgang anzutreten.

4.
Vielleicht wirst du einmal von der englischen Königin eingeladen, dann musst du sie mit einem Hofknicks begrüßen. Da ist es wichtig, dass du Arme und Beine in der richtigen Reihenfolge bewegst. Ich sage dir, was du tun musst. Überlege dir die Reihenfolge und verwende die richtige Konjunktion.

ehe   nachdem   während   seitdem   wenn   bis

Achtung! Sturzgefahr!

_____ die Königin den Saal betritt, stelle ich mich gerade hin. _____ sie dann hereingekommen ist, stelle ich mir die Bewegungen ganz genau vor. _____ sie vor mir steht, beginne ich mit dem Hofknicks. _____ ich mit dem rechten Fuß einen kleinen Halbkreis nach hinten ausführe, beuge ich das linke Bein und neige meinen Kopf. _____ mir dies ohne große Schwierigkeiten gelungen ist, verharre ich in dieser Stellung, _____ die Königliche Hoheit ein Wort an mich richtet. Sie lächelt mir aber nur zu.

_____ sie zu meiner Nachbarin weitergeht, erhebe ich mich

langsam. _____ alles vorbei ist, frage ich mich: War das

alles? _____ ich dies weiß, mache ich nur noch vor meiner

Katze einen Hofknicks.

5.

Löse die Präpositionalausdrücke in Temporalsätze auf. Dann kannst du dir
zur Belohnung selbst eine große Portion Eis machen!

Fruchteis selbst gemacht

1. Vor der Zubereitung des Fruchteises soll der Fruchtsaft mindestens
   3 Stunden im Tiefkühlfach gefroren werden.

   _____

   _____

2. Das Eis aus Fruchtsaft muss während des Gefriervorgangs öfters umgerührt werden.

   _____

   _____

3. Nach der Beendigung des Einfrierens wird das Eis mit einem Messer grob
   zerschlagen.

   _____

   _____

4. Während des Zerkleinerns lässt man das Eis leicht antauen.

   _____

   _____

5. Das Eis darf aber beim Servieren nicht zerlaufen.

   _____

   _____

27

Nebensätze I

Kausalsätze

Kausalsätze sind Nebensätze, die den **Grund** für das Geschehen im Hauptsatz nennen. Kausalsätze sind nötig, wenn die Aussage im Hauptsatz begründet werden muss.

Beispiel: Die Bachstelze wippt mit den Schwanzfedern, **weil** sie dadurch den anderen Bachstelzen Zeichen gibt.

Der Kausalsatz antwortet auf die Fragen: **Warum? Weshalb? Aus welchem Grund?**
Kausalsätze werden mit den Konjunktionen **weil, da** eingeleitet. Man kann sie auch verstärken: **weil/da ja, da doch, zumal (da)**.

Beispiel: Die Bachstelze wippt mit dem Schwanz, **da** sie sich ja wegen des rauschenden Wassers nur so mit anderen verständigen kann.

Beachte:
Substantivausdrücke mit der Präposition **wegen** haben einen **kausalen** Sinn. Du kannst sie in Kausalsätze umwandeln.

Beispiel: **Wegen** des rauschenden Wassers hören die Bachstelzen nichts.
 Weil das Wasser rauscht, hören die Bachstelzen nichts.

3 Adverbialsätze

1.
Lies den folgenden Text aufmerksam durch und löse die sich anschließenden Aufgaben.

Warum wippt die Bachstelze mit dem Schwanz?

Auch im Tierreich gibt es viele Geheimnisse und Rätsel. Eines davon bietet die Bachstelze, ein kleiner Vogel, der an Bächen und Flüssen lebt. Man hat beobachtet, dass sie häufig ihre Schwanzfedern bewegt. Im Biologieunterricht hat ein Lehrer deshalb die Frage gestellt: „Warum wippt die Bachstelze mit dem Schwanz?" Folgende Antworten kamen dabei heraus:

Jasmin: Weil sich die Bachstelzenbabys langweilten, durften sie bei Mama wippen.

Tina: Die Bachstelze hält ihre Schwanzfedern hoch, da sie nicht will, dass sie im Dreck schleifen.

Rafael: Sie bewegt die Schwanzfedern, weil sie Moskitos vertreiben will.

Moritz: Das tut sie, weil das ihr Schwimmstil ist.

Der Lehrer hat auf die Frage nach dem Grund die entsprechenden Stichwörter an die Tafel geschrieben.
Ersetze sie durch Nebensätze aus dem Text.

1. Langeweile: _____

2. Kein Dreck: _____
   _____

3. Moskitos: _____

4. Schwimmen: _____

Nebensätze I

2.

Mein Freund Patrick ist wieder einmal eine halbe Stunde zu spät in die Schule gekommen. Ich zähle dir die Gründe (1–6) dafür auf. Mach daraus eine zusammenhängende Geschichte, und zwar so, dass der jeweils folgende Satz den Satz davor begründet.

Beispiel: 1. Sven ist krank. 2. Er hat Schnupfen. 3. Er hat sich erkältet.
→ Sven ist krank, **weil** er Schnupfen hat. Er hat Schnupfen, **weil** er sich erkältet hat.

„Na, Patrick! Warum so spät?" „Das ist eine lange Geschichte, Herr Lehrer!"

3 Adverbialsätze

3.

Entscheide, welcher der beiden Sätze jeweils den Grund angibt. Wandle diesen dann in einen Kausalsatz um.

Beispiel: Ich gehe nicht in die Schule. Ich bin sehr stark erkältet.
→ Ich gehe nicht in die Schule, **weil** ich sehr stark erkältet bin.

1. Meine Haare sind rot.
   Mein kleiner Bruder hat das erste Mal Pommes mit Ketschup gegessen.

2. Mein Schulranzen ist gelb.
   Manche Leute werfen Briefe hinein.

3. Meine Goldfische sind Blaufische.
   Mein Füller ist ins Aquarium gefallen.

4. Meine Haare sind grün.
   Ich habe den Spitznamen Waldmeister bekommen.

5. Mein Gesicht ist weiß.
   Ich habe die Tüte mit Mehl an der falschen Seite aufgemacht.

6. Meine schönen braunen Schuhe sind seit dem 1. April schwarz.
   Mein großer Bruder hat die Schuhcreme ausgetauscht.

4.

Auf der Sportseite der Zeitung haben Fußballspieler wie in der Schule Noten bekommen. Wandle die Sätze in Kausalsätze für die jeweilige Note um.

Noten für Fußballspieler

Note 1: P. B. bewies auch in gefährlichen Situationen Übersicht und Führungsqualität.

Note 2: R. A. warf sich vor seinem Tor entschlossen ins Getümmel.

Note 3: Der Mittelfeldspieler mit der Pferdelunge war einer der lauffreudigsten Spieler.

Note 4: Bomber W. brachte fast nichts zuwege.

Note 5: Der Ex-Nürnberger rackerte wie gewohnt, konnte aber dem Spiel keine Wendung mehr geben.

Note 6: Der Vorstopper leistete „hilfreiche" Vorarbeit für das spielentscheidende Gegentor.

P. B. erhält die Note 1, weil ...

Nebensätze I

5.
Wandle die Sätze mit den blauen Wörtern in Kausalsätze um. Diese Wörter fallen dann bei der Umwandlung weg.

Patricks Geschichte (Schluss)

7. Ich habe meiner Katze ihre Lieblings-Gummiente weggenommen, denn ich habe sie selbst gebraucht.
8. Ich habe sie mit unter die Dusche genommen, allein habe ich mich nämlich gefürchtet.
9. Ich habe schreckliche Angst, sitzt doch seit gestern ein grasgrüner Frosch darin.
10. Aber ich bin ja selber schuld, ich habe nämlich das Märchen vom Froschkönig gelesen.

6.
In einer Zeitung habe ich folgende seltsame Anzeige gefunden, mit der ein Nachtwächter gesucht wird. Begründe, warum du der richtige Mann für die Stelle bist.

Nachtwächter gesucht

Sie waren schon immer eine Leuchte!
Sie sind der Beste in Ihrer Nachbarschaft!
Sie sind erfinderisch!
Sie wollen etwas mit Technik zu tun haben!
Sie sind auch nachts hellwach!
Sie wollen schnell gutes Geld verdienen!

Firma Grau, Birnenweg 5, 20123 Leuchtstedt

Hey Boss! Ich bin der Richtige für Sie, weil ...

3 Adverbialsätze

7.
Als Fremdenverkehrsdirektorin willst du eine besonders romantische Werbeanzeige entwerfen. Mach aus den Präpositionalausdrücken vollständige Kausalsätze.

Warum ist es im Allgäu so schön?

1. wegen der Blumen, die mit dem Regenbogen um die Wette blühen
2. wegen der Sonne, die Mensch und Tier wärmt
3. wegen der Natur, die auf stillen Wegen und Pfaden zu hören ist
4. wegen der Vögel, die aus voller Kehle zwitschern
5. wegen der Bienen, die von Blütenkelch zu Blütenkelch summen
6. wegen der Wanderschuhe, die warten

Im Allgäu ist es so schön, weil die Blumen ...

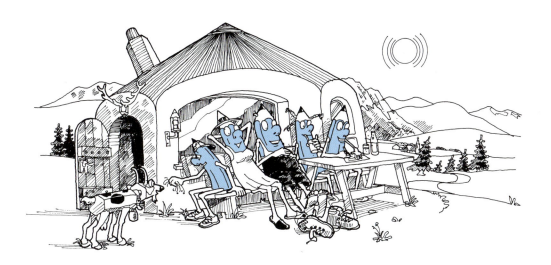

Nebensätze I

Finalsätze

Finalsätze sind Nebensätze, die dir sagen, **mit welcher Absicht** oder **welchem Ziel** etwas getan wird oder geschieht. Finalsätze nennt man deshalb auch Absichts- oder Zielsätze.

Du kannst Finalsätze herausfinden, indem du fragst:
Wozu? Mit welcher Absicht? Zu welchem Zweck? Mit welchem Ziel? Zu welchem Nutzen?

Finalsätze werden durch die Konjunktionen **damit (dafür), dass** eingeleitet.

Beispiele: Die Natur hat die Tiere mit besonderen Möglichkeiten ausgestattet, **damit** sie sich gut an ihre Umwelt anpassen. Der schlauchartige Rüssel des Schmetterlings ist z. B. besser als eine normale Zunge **dafür** geeignet, **dass** der süße Saft aus den Blüten herausgeschlürft werden kann.

Beachte:
Finalsätze können durch Infinitivsätze ersetzt werden. Diese werden durch **um zu** eingeleitet. Das aber ist nur möglich, wenn das Subjekt im Hauptsatz dasselbe ist wie im Finalsatz.

Beispiel: Auch Tiere haben ihre Tricks, **damit** sie (= die Tiere) sich gut an die Umwelt anpassen.
Auch Tiere haben ihre Tricks, **um sich gut an die Umwelt anzupassen.**

3 Adverbialsätze

> **Beachte:**
> Finalsätze können auch **Präpositionalausdrücke** ersetzen (und umgekehrt).
>
> Beispiel: Die Natur hat die Tiere **für die gute Anpassung an ihre Umwelt** mit besonderen Möglichkeiten ausgestattet.
> Die Natur hat die Tiere mit besonderen Möglichkeiten ausgestattet, **damit sie sich gut an ihre Umwelt anpassen.**

1.
Lies den folgenden Text aufmerksam durch und löse die sich anschließenden Aufgaben.

„Mundwerkzeuge" der Tiere

Die Natur hat die Tiere mit besonderen Möglichkeiten ausgestattet, damit sie sich gut an ihre Umwelt anpassen und dadurch leichter überleben.
Das „Werkzeug" besteht beim Schmetterling aus einem schlauchartigen Rüssel. Dieser ist besser als eine normale Zunge dafür geeignet, dass der süße Saft aus den Blüten herausgeschlürft werden kann.
Etwas Besonderes ist auch die Zunge der Schnecke: Sie ist mit kleinen Reibezähnchen besetzt, damit sich die Schnecke von ihrer Nahrung Teilchen abschaben kann. Diese Teilchen müssen klein sein, damit sie von der Schnecke überhaupt aufgenommen werden können.
Der Specht hat z. B. einen langen Schnabel, um Käfer, die tief in den Ritzen der Bäume sitzen, leicht herauszuholen. Kurz ist dagegen der Schnabel beim Sperling. Das hat den Vorteil, dass er Körner schnell und sicher aufpicken kann.
Das Löwengebiss braucht große Fangzähne, damit sich die zappelnde Beute nicht mehr losreißen kann.
Die Schlange spritzt mit ihren Zähnen Gift in das Opfer, um es sofort zu lähmen. Das Gift dient auch dazu, dass die Tiere keine unnötigen Schmerzen erleiden müssen.

Nebensätze I

In den folgenden Aussagen bezeichnen die blauen Ausdrücke Absichten und Ziele. Wandle sie mit Hilfe des vorangegangenen Textes schriftlich in Nebensätze um.

1. Die Natur hat die Tiere für das leichtere Überleben mit besonderen Werkzeugen ausgestattet.

   _____

   _____

2. Zur Lähmung ihrer Opfer spritzt die Schlange Gift.

   _____

3. Das Gift dient auch der Vermeidung von unnötigen Schmerzen.

   _____

   _____

4. Der Rüssel ist zum Herausschlürfen von Saft gut geeignet.

   _____

   _____

2.
Mach aus dem zweiten Hauptsatz einen Finalsatz mit der Konjunktion „damit". Die Modalverben „wollen"/„sollen" fallen dabei weg.

Beispiel: Ich stehe jeden Tag um 5 Uhr auf. Bello soll Gassi gehen.
   → Ich stehe jeden Tag um 5 Uhr auf, **damit** Bello Gassi geht.

Seltsame Urlaubsziele

1. Ich fahre ans Meer. Meine Badewanne will sich auch erholen.

2. Du steigst auf hohe Berge. Die Leute sollen so klein wie Zwerge werden.

3. Wir fahren ins Riesengebirge. Rumpelstilzchen soll endlich wieder einmal Besuch bekommen.

4. Ihr fahrt nach Amerika. Die Freiheitsstatue soll befreit werden.

5. Einige fahren gar nicht in den Urlaub. Die Zöllner wollen einmal Ferien machen können.

3 Adverbialsätze

3.

Baue aus den vorgegebenen Ausdrücken einen Satz nach folgendem Muster:
Der Mensch braucht Messer und Gabel, **um** seine Speisen zu zerteilen.
Achtung, die Reihenfolge wurde vertauscht.

Werkzeuge der Tiere:

langer, spitzer Schnabel (Specht)
Giftzähne (Schlange)
kurzer, stumpfer Schnabel (Spatz)
schlauchartiger Rüssel (Schmetterling)
Reibezähnchen (Schnecke)
ein Gebiss mit Fangzähnen (Löwe)

Und dazu brauchen es die Tiere:

aus Blüten Saft herausschlürfen
die zappelnde Beute festhalten
in den Ritzen der Bäume nach Nahrung suchen
leicht Körner vom Boden aufpicken
wie mit einer Feile kleine Teilchen von den Blättern schaben
die Beute schnell lähmen

4.

Wandle die Infinitivsätze mit „um zu" in Finalsätze mit „damit" um.
Achte dabei auf das richtige Subjekt.

Wie Indianer Wildpferde zähmen

Die Wildpferde laufen in Herden von zwei- bis dreihundert Stück umher.
Die Indianer fangen diese Tiere ein, um mit ihrer Hilfe Zelte und Hausrat zu
transportieren. Der tapferste Indianer wirft eine Seilschlinge um das stärkste
Pferd, um so die anderen Tiere gefügig zu machen. Die eingefangenen Pferde
werden dann angebunden, um nicht weglaufen zu können. Nun legen die Indianer den Pferden mehrere Tage lang schwere Lasten auf, um sie endgültig
zu zähmen. Jedes einzelne Pferd wird so behandelt, um später die schweren
Lasten leichter zu ertragen.

37

Nebensätze I

5.
Finde die Sätze heraus, in denen das Subjekt im Hauptsatz dasselbe wie im „damit"-Nebensatz ist. Wandle diese Nebensätze in „um zu"-Infinitivsätze um.

Mahlzeit!

1. Die Fregattvögel fliegen sehr schnell, damit sie nicht die Beute von Raubvögeln werden.
2. Sie wagen sich weit aufs Meer hinaus, damit sie dort reiche Beute machen.
3. Damit ihre Kinder vor Feinden geschützt werden, bauen sie die Nester auf Bäumen im Wasser.
4. Manchmal wenden sie einen gemeinen Trick an, damit sie doch noch ihre Jungen füttern können.
5. Sie fliegen zu den Nestern anderer Vögel und schlagen mit ihren Flügeln auf sie ein, damit diese aus Angst davonfliegen.
6. Die aufgeschreckten Vögel speien all ihre Nahrung aus, damit sie schneller flüchten können.
7. Die schlauen Fregattvögel fliegen nun geschwind herbei, damit sie das Ausgespiene erwischen.

6.
Entscheide, ob der jeweils zweite Satz einen Grund oder eine Absicht/ein Ziel nennt. Wandle ihn dann in den entsprechenden Nebensatz um. Im Kausalsatz setze „weil" ein, im Finalsatz setze „damit" ein.

Beispiel: Meide sumpfige Gewässer! Schlingpflanzen sollen dich nicht in Gefahr bringen.
→ Meide sumpfige Gewässer, **damit** dich Schlingpflanzen nicht in Gefahr bringen!

Richtiges Verhalten am Wasser

1. Rufe nicht aus Jux um Hilfe! Die anderen helfen dir im Ernstfall sofort.
2. Bade niemals mit vollem oder leerem Magen! Du verlierst sonst möglicherweise die Besinnung.
3. Kühle dich vor dem Sprung ins Wasser ab! Dein Kreislauf soll nicht in Unordnung geraten.
4. Verlasse beim ersten Frösteln das Wasser! Du sollst dich nicht erkälten.
5. Springe nicht in unbekanntes Gewässer! Es birgt oft unangenehme Überraschungen.

7.

Entscheide, ob die Sätze a) und b) einen Grund oder eine Absicht nennen, und formuliere sie entsprechend um.

Beispiel: Ich gehe in die Schule.
- a) Ich langweile mich zu Hause.
- → Ich gehe in die Schule, **weil** ich mich zu Hause langweile. (Kausalsatz)
- b) Ich langweile mich zu Hause nicht.
- → Ich gehe in die Schule, **damit** ich mich zu Hause nicht langweile. (Finalsatz)

Seltsame Urlaubswünsche

1. Ich fahre nach Tirol.
   a) Ich verbessere meine Jodelkünste.
   b) Ich liebe Speckknödel.
2. Ich schwimme nach Grönland.
   a) Meine Schwimmflossen kommen von dort her.
   b) Ich sehe endlich meine Freunde, die Pinguine, wieder.
3. Ich klettere mit einem Kühlschrank auf den Mount Everest.
   a) Ich werde berühmt und komme ins Buch der Rekorde.
   b) Das hat noch niemand gemacht.
4. Ich reite auf einem Seepferdchen.
   a) Mir sind die Reitstunden auf dem Land zu teuer geworden.
   b) Ich lerne auf diese Weise schwimmen.

Nebensätze I

Konsekutivsätze

Konsekutivsätze sind Nebensätze, durch die **Auswirkungen** oder **Folgen eines Geschehens** bezeichnet werden. Man nennt sie deshalb auch Folgesätze. Sie stehen immer nach dem Hauptsatz. Konsekutivsätze werden durch Konjunktionen eingeleitet. Folgende solltest du kennen: **sodass**; **so …, dass**.

Beispiel: Die Larven fressen viel, **sodass** sie schnell wachsen.
Die Larven fressen **so viel, dass** sie schnell wachsen.

Wenn eine Folge oder Wirkung ausbleibt, verwendest du die Konjunktion **ohne dass**. Der Konsekutivsatz wird dadurch verneint.

Beispiel: Die Raupen werden zu Puppen, **ohne dass** man es merkt.

Beachte:
Konsekutivsätze sind das Gegenstück zu Kausalsätzen.
Wenn man den Konsekutivsatz zum Hauptsatz macht, folgt ein Kausalsatz.

Beispiel:

Ich bin krank, **sodass ich den Unterricht nicht besuchen kann.**
   Hauptsatz   Nebensatz

Ich kann den Unterricht nicht besuchen, **weil ich krank bin.**
   Hauptsatz   Nebensatz

1.

Lies den folgenden Text aufmerksam durch und löse die sich anschließenden Aufgaben.

Was hat ein Schmetterling mit einem Gewitter zu tun?

In der Natur hängt alles in einem Kreislauf voneinander ab. Einige Wissenschaftler haben etwas Unglaubliches herausgefunden: In tropischen Ländern ist die Luft manchmal so aufgeladen, dass ein Schmetterling mit seinen dünnen Flügeln ein Gewitter auslöst. Auch im Kleinen kannst du sehen, welche Folgen etwas hat.
Bleiben wir beim Schmetterling: Eines Tages legt er Eier. Aus ihnen schlüpfen Larven. Die fressen viel, sodass sie schnell wachsen. Diese Raupen werden zu Puppen, ohne dass man es merkt. Im Innern ihrer harten Schale haben sie einen ausreichenden Nahrungsvorrat, sodass sie leicht überwintern können. In dieser Zeit wächst der Schmetterling heran. Eines Tages ist er so groß und stark, dass er ausschlüpfen kann und davonflattert.

Vervollständige die Hauptsätze, indem du aus dem Text in ganzen Sätzen die Folgen beschreibst.

1. Die Larven fressen viel, _____

2. Die Puppen haben genügend Nahrungsvorrat, _____
_____

3. Der Schmetterling ist eines Tages so stark, _____
_____

4. In den Tropen ist die Luft manchmal so „dick", _____
_____

Nebensätze I

2.
Der zweite Satz nennt immer eine Folge. Achte darauf, ob sie verneint ist oder nicht. Verwende dann die richtige Konjunktion („sodass" oder „ohne dass").

Beispiel: Ich putze unser Auto. Mein Vater gibt mir kein Geld dafür.
→ Ich putze unser Auto, **ohne dass** mir mein Vater Geld dafür gibt.

Raffinierte Burschen

1. Der Herr Buntspecht trommelt 40-mal in der Sekunde auf einen Ast.
   Alle Spechtfrauen im Umkreis von 2 km hören ihn.
2. Die Röhrenspinne gräbt eine Röhre mit Deckel.
   Die Beute bemerkt die gut getarnte Falle nicht.
3. Die Lassospinne hält ein Netz zwischen den Vorderbeinen.
   Sie kann ihr Opfer sofort fangen.
4. Die Amsel macht mit ihren Beinen das Geräusch von Regentropfen nach.
   Der Regenwurm durchschaut den Trick nicht.
5. Der Lampionfisch hat einen Leuchtpunkt auf seinem Kopf.
   Die anderen Fische werden angelockt und dann gefressen.

3 Adverbialsätze

3.

Bilde mit Hilfe der Infinitivausdrücke konsekutive Nebensätze.

von einer Schildkröte überholt werden

von einem Lufthauch umgestoßen werden

einen Ozeandampfer zum Sinken bringen

ohne Pausenbrot nicht das Schulheft aufschlagen können

beim Zu-spät-Kommen vom Direktor nicht gesehen werden

ein Telefonbuch mit zwei Fingern zerreißen

Leichte Übertreibungen

Ich bin so schwach, _____

_____

Du bist so stark, _____

_____

Mancher ist so langsam, _____

_____

Wir sind so schnell, _____

_____

Ihr seid so schwer, _____

_____

Einige sind so leicht, _____

_____

_____

Nebensätze I

4.
Wähle die richtige Konjunktion und setze sie in die Lücken ein.

(so)dass   damit   weil   wenn

Nudeln – selbst gemacht

1. _____ selbst gemachte Nudeln die gekauften im Geschmack weit übertreffen, sollten Sie es einmal versuchen.

2. Die 4 Eier, das Salz und das Öl werden mit 5 EL Mehl verrührt, _____ ein dünner, etwas zäher Teig entsteht.

3. Diesen Teig zum restlichen Mehl geben und beides sehr gut vermengen, _____ sich keine Klumpen bilden.

4. Den Teig so kräftig kneten, _____ er glatt wird und glänzt.

5. Dann wickeln Sie den Teig für 30 Minuten in ein feuchtes Tuch, _____ er nicht austrocknet.

6. _____ der Teig zu trocken ist, können Sie ihm ein paar Tropfen Wasser oder Öl beigeben.

3 Adverbialsätze

5.

Liebst du Pflanzen? Dann helfen dir die folgenden Hinweise.

Wandle den blauen Satz in einen Nebensatz um und überlege dir dabei, ob es ein Kausalsatz oder ein Konsekutivsatz werden muss.

Fehler bei der Pflanzenpflege

1. Die Pflanze steht an einem falschen Platz.
   Der Stiel fault.

   _____

   _____

2. Die Pflanze bekommt zu wenig Nahrung.
   Die Blätter verfärben sich gelb.

   _____

   _____

3. Die Pflanze bekommt zu viel Nahrung.
   Sie wird anfällig für Läuse.

   _____

   _____

4. Die Pflanze erhält zu wenig Wasser.
   Die Knospen und Blüten fallen ab.

   _____

   _____

5. Die Pflanze bekommt zu viel Wasser.
   Die Wurzeln beginnen zu verfaulen.

   _____

   _____

6. Die Pflanze steht an einem zu kalten Platz.
   Die Blätter werden braun und fallen schließlich ab.

   _____

   _____

45

Nebensätze I

Konditionalsätze

Ein **Konditionalsatz** ist ein Nebensatz, der **die notwendige Voraussetzung** für das Geschehen im Hauptsatz angibt.
Im Konditionalsatz nennst du eine Bedingung, die erfüllt sein muss, bevor das Geschehen möglich ist. Konditionalsätze nennt man deshalb auch **Bedingungssätze**.

Beispiel: **Wenn du Tierforscher wirst,** entdeckst du noch viele Geheimnisse der Tiere.

Konditionalsätze, die eine **unerfüllbare Bedingung** nennen, stehen im Konjunktiv II (= Präteritum oder Plusquamperfekt).

Beispiel: **Wenn die Bachstelze Töne von sich geben würde,** könnten die anderen Bachstelzen sie nicht verstehen.

Du kannst Konditionalsätze folgendermaßen erfragen: **In welchem Fall? Unter welcher Bedingung? Unter welchen Voraussetzungen?**

Konditionalsätze sind fast immer Konjunktionalsätze.
Die folgenden Konjunktionen solltest du kennen: **falls**, **wenn** und **sofern**.

Beispiel: **Falls du Tierforscher wirst,** entdeckst du noch viele Tiergeheimnisse.

Beachte:
Die Konjunktion **wenn** kann auch einen Temporalsatz einleiten. Sie gibt dann an, wann oder wie oft etwas geschieht. Du kannst sie probeweise durch die Konjunktion **während** oder **jedesmal wenn** ersetzen.

Beispiel: **Wenn (= während) ich esse,** kann ich kein Lied singen.
Wenn (= jedesmal wenn) ich esse, freue ich mich.

3 Adverbialsätze

> **Beachte:**
> Es gibt auch einen verkürzten Konditionalsatz ohne einleitendes Wort. Die Wortstellung ist anders als gewohnt: Das Prädikat steht an erster Stelle.
>
> Beispiel: **Wenn du als Frosch an einem lauten Fluss lebst,** kannst du dich nur mit deinen Beinen verständigen.
> **Lebst du als Frosch an einem lauten Fluss,** kannst du dich nur mit deinen Beinen verständigen.

1.
Lies den folgenden Text aufmerksam durch und löse die sich anschließenden Aufgaben.

Wenn du eine Bachstelze wärst …

Du würdest mit deinen Schwanzfedern wippen, wenn du mit deinen Freunden „sprechen" wolltest. Wegen des rauschenden Wassers würden sie dich nämlich nicht verstehen, wenn du ihnen etwas mit Tönen sagen würdest. Wenn du ein Frosch wärst, der an einem lauten Fluss lebt, würdest du dich mit deinen Beinen verständigen. So würden dich auch deine Freunde am anderen Flussufer verstehen. Falls du einmal Tierforscher wirst, entdeckst du sicher noch viele aufregende Geheimnisse der Tiere.

Beantworte folgende Fragen mit Informationen aus dem Text. Bilde Konditionalsätze, die du in dein Heft einträgst.

1. Unter welcher Bedingung würdest du mit deinen Schwanzfedern wippen?
2. Unter welcher Voraussetzung würdest du dich mit deinen Beinen verständigen?
3. In welchem Fall entdeckst du noch weitere Tiergeheimnisse?

Nebensätze I

2.
Welche Voraussetzungen musst du (normalerweise) erfüllen, wenn du einen der folgenden Berufe ergreifen willst? Achtung, die Reihenfolge wurde vertauscht.

Beispiel: Wenn du **Hundezüchter** werden willst, musst du **tierlieb** sein.

Pilot	musikalisch begabt
Fensterputzer	empfindsame Nase
Kaffeetester	schwindelfrei
Fernsehunterhalter	Abitur
Popsänger	an Farben und Formen interessiert
Modeschöpfer	kontaktfreudig

3.
Auch mit Wörtern kann man spielen und manchmal verkleiden sie sich auch. Wandle die folgenden Hauptsätze in Konditionalsätze um.

Seltsame Pflanzen

Der Pfifferling bringt keinen Ton heraus.
Das Vergissmeinnicht weiß seinen Namen nicht.
Der Löwenzahn fürchtet sich vor einer Maus.
Die Taubnessel hört gerne Konzerte.
Die Totentrompete bläst den Geburtstagsmarsch.
Das Gänseblümchen wird von einer Ente gefressen.

Seltsam ist es, wenn ...

_____
_____
_____
_____
_____
_____

3 Adverbialsätze

4.
Hier sind Haupt- und Nebensätze durcheinander geraten. Suche die passenden Bedingungssätze zu den Hauptsätzen.

Tolle Tipps

1. Eine tolle Schokoladencreme gibt es, wenn man sie in Olivenöl einlegt.

2. Frische Gewürze halten ihr Aroma länger, wenn man Knoblauch in einen Gang legt.

3. Maulwürfe vertreibt man, wenn sie nach Gebrauch mit lauwarmem Salzwasser ausgespült werden.

4. Flüstern wirkt Wunder, wenn man eine Tafel Schokolade mit Sahne schmilzt.

5. Weiche Fensterleder erhält man, wenn ein Kind zornig ist.

5.
Glaubst du an dein Glück, wenn dir ein Schornsteinfeger über den Weg läuft? Bei den folgenden Sätzen nennt ein Satz jeweils die Voraussetzung dafür, dass sich ein Wunsch erfüllt. Wandle diesen in einen Konditionalsatz um.

Lebensregeln aus Pommern

1. Ein Apfelkern verbrennt im Herdfeuer mit einem lauten Knall.
   Der geheimste Wunsch erfüllt sich.

2. Das rechte Ohr juckt. Von einem wird gut gesprochen.

3. Man sieht alle Geheimnisse auf der Welt.
   Ein Spiegel wird acht Tage lang in ein Grab gelegt.

4. Man hat Glück. Man findet ein vierblättriges Kleeblatt.

5. Auf dem Hof passiert kein Unglück.
   Der Knecht trägt einen getrockneten Maulwurffuß in der Tasche.

49

Nebensätze I

6.
Die Verwandten gehen einem manchmal ganz schön auf die Nerven, vor allem wenn die Beziehungen etwas unübersichtlich sind. Hilf, indem du die Hauptsätze in Konditionalsätze verwandelst und die Frage richtig beantwortest.

Beispiel: Du bist der Bruder meiner Mutter. Wer bin ich?
→ **Wenn du der Bruder meiner Mutter bist,** bin ich dein Neffe oder deine Nichte.

Das sind mir schöne Verhältnisse!

1. Du bist die Schwester meines Vaters. Wer bin ich?

2. Ich bin der Sohn deines Vaters. Wer bist du?

3. Du bist die Tochter des Bruders meines Vaters. Wer bin ich?

4. Ich bin die Mutter deines Vaters. Wer bist du?

7.
Jeder hat unerfüllbare Wünsche. Ein paar habe ich dir aufgeschrieben. Stelle die Bedingungssätze zu den passenden Hauptsätzen.

Wenn ich längere Beine hätte,	würde ich mit meinem Wellensittich um die Welt segeln.
Wenn ich einen großen Bruder hätte,	könnte ich mir zwei Eisbomben auf einmal kaufen.
Wenn ich ein Jahr Ferien hätte,	würde ich auf 100 m Weltrekord laufen.
Wenn ich älter wäre,	wärst du viel freundlicher zu mir.
Wenn ich mehr Taschengeld bekommen würde,	dürfte ich bis Mitternacht aufbleiben.

3 Adverbialsätze

8.

Verbessere die folgenden unsinnigen Sätze, indem du den ganzen Satz in den Konjunktiv II setzt und den jeweils ersten Satz in einen Konditionalsatz verwandelst.

Beispiel: Ich bin ein Vogel. Ich fliege im Winter nach Süden.

→ **Wenn ich ein Vogel wäre, würde** ich im Winter nach Süden fliegen.

Das ist doch nicht möglich!

1. Das Wasser fließt den Berg hinauf. Ich kann mit dem Paddelboot auf die Zugspitze fahren.

2. Es gibt noch Dinosaurier. Sie verstopfen alle Aufzüge.

3. Ich lerne im Schlaf. Ich bringe in die Schule mein Bett mit.

4. Du hast eine Tarnkappe. Du streichst im Notenbuch deines Mathematiklehrers die schlechteste Note aus.

9.

Ersetze die Konditionalsätze ohne Einleitung in Konditionalsätze mit „wenn" – und umgekehrt.

Geldstrafen für Verkehrssünder

1. Fahren Pkw-Fahrer bis 30 km/h schneller als erlaubt, müssen sie mit einer Geldbuße von 120 € rechnen.

2. Wenn sie die vorgeschriebene Geschwindigkeit um mehr als 30 km/h überschreiten, müssen 450 € bezahlt werden.

3. Fahren Lastkraftwagen innerhalb geschlossener Ortschaften 20 Stundenkilometer zu schnell, droht eine Geldstrafe von 100 €.

4. Gefährdet ein Autofahrer beim Abbiegen Fußgänger, kostet es ab sofort ebenfalls Geld.

5. Wenn die Parkzeit eine Stunde überschritten ist, ist eine Geldbuße von 5 € fällig.

51

Nebensätze I

Konzessivsätze

Konzessivsätze sind Nebensätze, die **auf einen Grund** hinweisen, der **die Aussage des Hauptsatzes einschränkt**.

Beispiel: Der Goldregenpfeifer fliegt von Alaska nach Hawaii, **obwohl** er nur vier Gramm wiegt.
(Gegen diese gewaltige Leistung spricht eigentlich sein geringes Körpergewicht.)

Durch folgende Konjunktionen werden Konzessivsätze eingeleitet: **obwohl, obgleich, wenn ... auch**.

Beispiele: Selbst Gänse überfliegen das höchste Gebirge der Welt, **obgleich** Bergsteiger am Himalaya kaum ohne Sauerstoffgerät auskommen.
Obwohl Vögel normalerweise ständig Nahrung brauchen, bleiben manche fast zwei Tage ununterbrochen in der Luft.

3 Adverbialsätze

1.
Lies den folgenden Text aufmerksam durch und löse die sich anschließende Aufgabe.

Unglaubliche Rekorde

Die Natur gibt dem Menschen immer noch viele Rätsel auf. Eines davon ist der jährliche Flug der Zugvögel in den Süden. Auf ihrer Flucht vor dem Winter stellen die Zugvögel jedesmal Rekorde auf. Hier ein paar Beispiele:
Obwohl der Goldregenpfeifer nur vier Gramm wiegt, fliegt er von Alaska nach Hawaii; das sind mehr als 3000 Kilometer. Wenn größere Vögel auch mehr Muskeln haben, so sind sie nicht im Vorteil gegenüber den kleinen Vögeln. Trotzdem: Selbst Gänse überfliegen ohne Zwischenstopps das höchste Gebirge der Welt, obgleich Bergsteiger am Himalaya kaum ohne Sauerstoffgerät auskommen. Obwohl Vögel normalerweise ständig Nahrung brauchen, bleiben manche fast zwei Tage ununterbrochen in der Luft.
Es sind noch längst nicht alle Rätsel gelöst, obwohl die Forscher mit modernsten Methoden die Zugvögel beobachten. Für vieles gibt es bis heute keine Erklärung.

Gib zu den folgenden Sätzen die Gegengründe an, indem du sie durch Nebensätze aus dem Text ergänzt.

1. Der Goldregenpfeifer fliegt von Alaska nach Hawaii, _____
   _____

2. Gänse überfliegen gefahrlos den Himalaya, _____
   _____

3. Manche Vögel bleiben fast zwei Tage ununterbrochen in der Luft,
   _____
   _____

53

Nebensätze I

2.
Wandle die Sätze in Konzessivsätze um. Achtung, die Reihenfolge wurde vertauscht.

Passt das zusammen?

Gärtner	Riecht immer erst spät den Braten.
Dachdeckermeister	Legt seine Worte nicht auf die Goldwaage.
Goldschmied	Ist manchmal nicht im Bilde.
Bäcker	Drückt bei seinen Kindern oft ein Auge zu.
Koch	Hört das Gras nicht wachsen.
Fotograf	Hat einen kleinen Dachschaden.
Optiker	Lässt sich oft die Butter vom Brot nehmen.

Er ist Gärtner, obwohl …

3.
Diesmal geht es um schlechte Manieren. Wandle die Bedingungssätze in Konzessivsätze um. Ergänze oder streiche im Hauptsatz die Verneinung.

Beispiel: **Wenn** mir jemand etwas schenkt, bedanke ich mich.
→ **Obwohl** mir jemand etwas schenkt, bedanke ich mich **nicht**.

Anstandsregeln eines Flegels

1. Wenn andere noch essen, stehe ich nicht vom Tisch auf.

2. Wenn ich gähne, halte ich mir die Hand vor den Mund.

3. Wenn ein älterer Mensch einen Sitzplatz braucht, biete ich ihm meinen an.

4. Wenn ein anderer spricht, rede ich ihm nicht dazwischen.

5. Wenn mir jemand hilft, bedanke ich mich bei ihm.

6. Wenn mich jemand freundlich grüßt, grüße ich zurück.

3 Adverbialsätze

4.

Wandle die Kausalsätze in Konzessivsätze um, indem du sie ins Gegenteil wendest.

Beispiel: Weil ich Lust habe, gehe ich ins Schwimmbad.
→ **Obwohl** ich **keine Lust** habe, gehe ich ins Schwimmbad.

Lebensweisheiten verkehrt

1. Weil Morgenstund Blei im Mund hat, komme ich morgens nur mit Mühe aus dem Bett.

2. Weil aller Anfang leicht ist, fange ich beim Lesen mit der ersten Seite an.

3. Weil Arbeit das Leben sauer macht, lutsche ich gerne saure Bonbons.

4. Weil man durch Schaden nicht klug wird, passe ich ganz besonders auf mein neues Fahrrad auf.

5. Weil Scherben Unglück bringen, werfe ich die Kristallvase nicht aus dem Fenster.

6. Weil in einer rauen Schale oft ein harter Kern steckt, esse ich keine Nüsse.

55

Nebensätze I

5.
Liest du auch gerne Krimis? Als Detektiv untersuchst du genau, ob jemand schuldig ist oder nicht. In einem der Sätze 1–6 findest du den wirklichen Grund, weshalb Mister X nicht der Mörder sein kann.
Bilde fünf Konzessivsätze (mit den falschen Gründen) und einen Kausalsatz (mit dem wirklichen Grund) und schreibe sie in dein Trainingsheft.

Kurzkrimi

1. Ihm gehört die Tatwaffe.
2. Ihn haben zwei Zeugen genau beschrieben.
3. Man hat seine rote Wollmütze am Tatort gefunden.
4. An seinen Schuhen fand man verdächtige Spuren.
5. Er hat sich zur Tatzeit im Fernsehen einen Krimi angesehen.
6. Der Inspektor konnte ihn nicht leiden.

Mister X ist unschuldig, obwohl / weil ...

6.
Der Satz: „Ich kaufe mir ein Schloss in Oberbayern" kann mit fünf Nebensätzen verbunden werden. Verwende dabei der Reihe nach folgende Nebensätze: Grund – Absicht – Einschränkung – Folge – Bedingung.

1. Ich hatte schon immer das Gefühl, ein verwunschener Prinz zu sein.
2. Ich werde dann von meinen Freunden endlich mit „Exzellenter Prinzengraf" angesprochen.
3. Ich konnte es mir von meinem Gehalt als Postbote eigentlich gar nicht leisten.
4. Ich bin bald unter meiner alten Adresse nicht mehr erreichbar.
5. Ich gewinne in der nächsten Woche im Lotto.

Ich kaufe mir ein Schloss in Oberbayern, weil / damit / obwohl / sodass / falls ...

7.
Entscheide, welche Aussage eigentlich gegen den Hauptsatz spricht, und mache daraus einen Konzessivsatz.
Stelle dann deine Sätze nach folgendem Muster zusammen:
Konzessivsatz – Hauptsatz – Kausalsatz.

Wohin geht die Reise?

1. Ich fahre nach Italien.
    a) Im Sommer ist es mir dort manchmal zu heiß.
    b) Das Meer ist immer warm.

2. Ich fahre nach England.
    a) Ich kann dort meine Schwester besuchen.
    b) Die Anfahrt ist recht weit.

3. Ich fahre nach Frankreich.
    a) Ich kann noch nicht gut Französisch sprechen.
    b) Ich will meine Französischkenntnisse verbessern.

4. Ich fahre in die Antarktis.
    a) Ich habe letztes Jahr zwei Pinguine kennen gelernt.
    b) Ich friere leicht.

5. Ich bleibe zu Hause.
    a) Ich bekomme so leicht Heimweh.
    b) Meine Freunde in Australien haben mich eingeladen.

Nebensätze I

Modalsätze

Modalsätze sind Nebensätze, durch die du die näheren **Begleitumstände** eines Geschehens oder eines Zustands genauer bezeichnest. Mit ihnen gibst du an, wie ein Geschehen abläuft oder wie ein Zustand ist.
Du kannst sie mit folgenden Fragen herausfinden: **Wie? Unter welchen Umständen? Mit welchem Mittel? Auf welche Art und Weise?**

Modalsätze werden durch folgende Wörter eingeleitet:
indem, wobei, während, ohne dass, dadurch dass, wodurch, womit, weshalb, wie, als, als ob, je … desto.

Ein Modalsatz kann folgende Bedeutungen haben:

a) Du bestimmst das Hauptgeschehen genauer, indem du angibst, was daneben **gleichzeitig geschieht oder ist**.

Beispiel: Die Lassospinne lauert auf ihre Beute, **wobei** sie ein tragbares Netz zwischen ihren Beinen hält.

Verneinte Modalsätze werden mit **ohne dass** eingeleitet.
Bei gleichem Subjekt in Haupt- und Nebensatz lässt sich der Modalsatz auch in einen Infinitivsatz mit **ohne … zu** umwandeln.

Beispiel: Die Spinne überfällt den Käfer, **ohne dass** er etwas merkt.
Der Käfer gerät plötzlich in eine Falle, **ohne es zu merken.**

Beachte:
Besteht zwischen Hauptsatz und Nebensatz ein gedanklicher Gegensatz, spricht man von einem **Adversativsatz**.

Beispiel: **Während** viele Tiere am Tag ihre Beute jagen, versuchen die so genannten Nachttiere, ihre Nahrung in der Dunkelheit zu finden.

58

b) Du nennst das Mittel, mit dem etwas getan wird oder geschieht. Man spricht dann von einem **Instrumentalsatz**.

Beispiel: Die Röhrenspinne fängt ihre Beute **dadurch, dass/ indem** sie den Deckel öffnet und der Käfer hineinfällt.

c) Du stellst einen Vergleich an. Diesen Modalsatz nennt man deshalb auch **Vergleichssatz (Komparativsatz)**. Dabei gilt wie bei jedem Vergleich:
wie drückt die Ähnlichkeit oder Gleichheit aus,
als bezeichnet einen Unterschied.

Beispiele: Du bist jetzt so groß, **wie** ich vor einem Jahr war.
Ich bin größer, **als** du glaubst.
Du benimmst dich, **als ob** du Superman wärst.
Je seltsamer du dich benimmst, **desto weniger** nehmen dich die anderen ernst.

Beachte:
Ausdrücke mit der Präposition **durch** lassen sich in Instrumentalsätze umwandeln. Dadurch klingt der Satz oft besser.

Beispiel: Durch das Bewerfen der Ameisen mit Sand besorgt sich der Ameisenlöwe seine Nahrung.
Der Ameisenlöwe besorgt sich seine Nahrung, indem er die Ameisen mit Sand bewirft.

Nebensätze I

1.
Lies den folgenden Text aufmerksam durch und beantworte die sich anschließenden Fragen.

Weitere tolle Tricks der Tiere

Die Tiere sind bei der Beschaffung von Nahrung raffinierter, als wir Menschen ihnen zunächst zutrauen. Auf folgende Art und Weise holen sie sich ihre Nahrung:
Die Lassospinne lauert auf ihre Beute, indem sie ein tragbares Netz zwischen ihren Beinen hält. Und ohne dass der ahnungslose Käfer etwas merkt, stellt sie sich ihm plötzlich in den Weg und fängt ihn mit ihrem „Lasso" ein, indem sie ihm das Netz überstülpt.
Während die Lassospinne ihr „Werkzeug" immer bei sich hat, legt die Röhrenspinne ihre Opfer auf eine andere Weise herein. Sie baut eine Röhre in den Boden, auf der sie einen Deckel befestigt. Sie fängt ihre Beute dadurch, dass sie den Deckel der Falle öffnet und der Käfer hineinfällt.

1. Auf welche Art lauert die Lassospinne auf ihre Beute?

_____
_____
_____

2. Wie fängt die Lassospinne ihre Beute?

_____
_____
_____

3. Wie fängt die Röhrenspinne ihre Beute?

_____
_____
_____

3 Adverbialsätze

2.
Finde zu den Hauptsätzen 1.–6. die passenden Modalsätze a)–f). Trage die passenden Buchstaben in die Kreise ein und schreibe die vollständigen Sätze in dein Trainingsheft.

Werbesprüche

1. Bei uns finden Sie Mode aus Paris
2. Unsere Reibekuchen schmecken
3. Mit einer Anzeige bei uns haben Sie schneller Erfolg
4. Je eher Sie das Wunschpaket bestellen
5. Durch unsere Traumflüge kommen Sie günstiger in den Urlaub
6. Alle unsere Reste verkaufen wir so preiswert

a) als Sie es sich träumen lassen
b) als ob Ihre Großmutter sie mit der Hand gerieben hätte
c) wie Sie sie in deutschen Boutiquen selten finden
d) wie es sich selbst eine sparsame Hausfrau nicht vorstellt
e) als Sie es bei anderen Zeitungen erleben werden
f) desto eher können Sie eine Überraschung erleben

3.
Vielleicht ist dir auch schon einmal ein Fahrrad gestohlen worden. Im Folgenden erfährst du, wie du dich vor Fahrraddieben schützen kannst.
Wandle die Infinitiv-Ausdrücke in Instrumentalsätze um und schreibe sie in dein Trainingsheft.

Der Allgemeine Deutsche Fahrradclub empfiehlt:

1. ein solides Schloss verwenden
2. den Rahmen des Fahrrads an einem festen Gegenstand anketten
3. das Fahrrad an einem gut sichtbaren Platz abstellen
4. kein Werkzeug am Rad zurücklassen
5. einen Fahrradpass ausfüllen oder ein Foto anfertigen
6. eine Nummer ins Tretlagergehäuse einschlagen lassen

Ich schütze mich vor Fahrraddieben, *indem* ...

Nebensätze I

4.
Wandle die folgenden Vorschriften in Modalsätze um. Achte darauf, ob die Begleitumstände verneint sind oder nicht. Schreibe sie in dein Heft.

Tischsitten vor 400 Jahren

1. Fasse die Speisen mit drei Fingern!
2. Schiebe beim Essen das Messer nicht in den Mund!
3. Benütze dein eigenes Trinkgeschirr!
4. Wirf die Knochen nicht bis zur Stubentür!
5. Säubere dein Messer vor dem Essen!
6. Beschmier das Tischtuch nicht mit Soßen oder Fett!
7. Schmatz nicht wie ein Schwein!
8. Benage die Knochen nicht wie ein Hund!

Als vornehmer Mann isst man, indem / ohne dass man ...

5.
Manieren können nicht schaden. Im zweiten Teil des Satzes steht jeweils, was man nicht tut. Formuliere daraus verneinte Modalsätze mit ohne ... zu in deinem Heft.

Das macht man aber auch nicht!

1. Ich habe die Dame des Hauses begrüßt und dabei nicht die Hand aus der Hosentasche genommen.
2. Dann habe ich die Blumen überreicht und das Papier nicht entfernt.
3. Ich habe mit dem Essen begonnen und nicht auf die anderen gewartet.
4. Ich habe aus einem Glas getrunken und mir vorher nicht den Mund abgewischt.
5. Ich habe mir den letzten Apfel genommen und die anderen nicht gefragt.
6. Schließlich bin ich nach Hause gegangen und habe mich nicht bei der Gastgeberin bedankt.

6.

Heute kannst du mal wieder was Neues lernen: Bumerangwerfen und den Modalsatz.
Bestimme die Art der Modalsätze mit folgenden Abkürzungen:
V(ergleich), B(egleitumstände), M(ittel).

Bumerang für zu Hause

Die Leisten aus Balsaholz werden gekreuzt, wobei (   ) diese nicht zu dick sein dürfen. Kennzeichne die Kreuzpunkte, indem (   ) du dir mit Bleistift dünne Striche machst. Die Einschnitte gehen jeweils halb so tief, wie (   ) die Leisten dick sind. Beim weichen Balsaholz lässt sich das leicht herausheben, wobei (   ) eine feine Säge sehr nützlich ist. Die beiden Teile werden dann zusammengeklebt, ohne dass (   ) du dabei Gewalt anwendest. Anschließend müssen die Flügel in Form geschliffen werden, indem (   ) du mit einem feinen Schleifpapier über die Flächen streichst. Schließlich wird alles geglättet, wie (   ) du es vom Flugmodellbau her gewohnt bist.

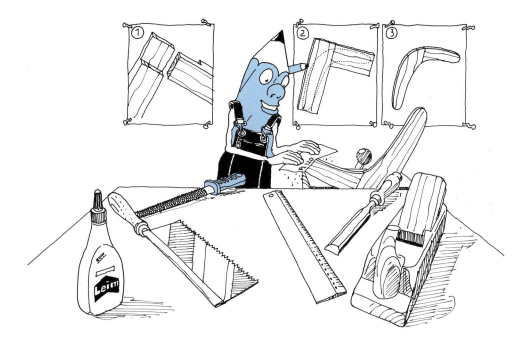

Nebensätze I

7.
Entscheide, ob der blaue Satz ein Kausalsatz oder ein Adversativsatz werden kann. Wandle ihn dann entsprechend um, wenn du die Sätze in dein Heft überträgst.

Schöne Aussichten

1. Im Laufe der Woche nimmt die Bewölkung ab. Es wird wärmer.

2. Über West- und Mitteleuropa gibt es zwei große Wolkenbänder. In Osteuropa kann mit Aufheiterung gerechnet werden.

3. Ein Hoch dehnt sich von Westen nach Mitteleuropa aus. Morgen wird das gute Wetter auch auf Deutschland übergreifen.

4. In Alpennähe kommt es noch zu gelegentlichen Schauern oder Gewittern. Im Norden Deutschlands ist mit einer zunehmenden Aufheiterung zu rechnen.

5. Am Tage werden die Temperaturen bis auf 25 Grad ansteigen. In der Nacht sinken die Temperaturen in Bodennähe auf 10 Grad.

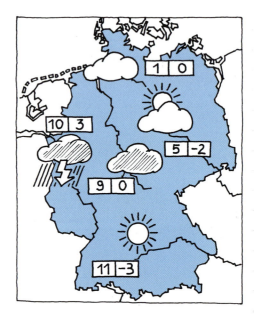

3 Adverbialsätze

8.

Wandle die Präpositionalausdrücke in Modalsätze um und schreibe sie in
dein Heft.

So unterhalten sich Tiere miteinander

1. Elefanten durch ganz tiefes und anhaltendes Grollen

2. Kaninchen durch heftiges Trommeln mit den Hinterläufen

3. Spinnen durch das ständige Hin- und Herbewegen ihres Netzes

4. Frösche durch das bewusste Abspreizen der Hinterbeine

1. Elefanten unterhalten sich miteinander, indem sie ...

9.

Wandle die Modalsätze in Präpositionalausdrücke um.

So erforschen Wissenschaftler die Sprache der Tiere

1. indem sie modernste Mikrofone verwenden

2. indem sie Tonbandaufnahmen abspielen

3. dadurch dass sie die Tiere über lange Zeit beobachten

4. indem sie Computer einsetzen

Wissenschaftler erforschen die Tiersprache durch

1. _____

2. _____

3. _____

4. _____

65

Nebensätze I

Zusammenfassung: Adverbialsätze

Du hast erfahren, dass **Adverbialsätze** Nebensätze sind, die in einem Satz das **Satzglied Adverbial** (= Umstandsbestimmung, adverbiale Angabe) **ersetzen**. Adverbialsätze haben dieselben Bedeutungen wie Umstandsbestimmungen und können ebenso erfragt werden.

Ein Adverbialsatz wird meistens durch eine Konjunktion eingeleitet. An ihr erkennst du die Sinnrichtung.

Beispiele:

Sinnrichtung **Zeit** (Temporalsatz):
Als es auf der Party langweilig wurde, bin ich gegangen.

Sinnrichtung **Grund** (Kausalsatz):
Weil es schon spät war, habe ich ein Taxi genommen.

Sinnrichtung **Art und Weise** (Modalsatz):
Ich stolperte ins Wohnzimmer, **wobei** ich in der Dunkelheit eine Vase vom Tisch stieß.

Test: Adverbialsätze

Test 1
Wähle aus den vorgeschlagenen Konjunktionen die passende aus.

Ratschläge für den angehenden Hausmann

1. Soße: Damit/Sodass/Obwohl die Soße keine Klumpen bekommt, solltest du sie mit dem Schneebesen kräftig durchschlagen. Gute Ergebnisse erhälst du, wenn/obwohl/bevor die zugegebene Flüssigkeit kalt ist.
2. Mehlschwitze: Butter wird mit Mehl so lange erhitzt, bis/nachdem/weil sich keine Blasen mehr bilden. Für eine braune Mehlschwitze wird das Mehl geröstet, sodass/weil/ohne dass es eine braune Farbe annimmt.
3. Steak: Hohe Anfangstemperaturen schließen die Poren, während/sodass/weil der Saft nicht austreten kann. Obwohl/Wenn/Damit man daraufdrückt, soll es sich wie ein Gummiball anfühlen.

Test 2
Was ist denn hier passiert? Schaffe Ordnung, indem du die Nebensätze a)–f) den passenden Hauptsätzen 1.–6. zuordnest. Trage die passenden Buchstaben in die Kreise ein.

1. Weil meine Goldfische im Aquarium immer frieren
2. Nachdem mein Goldhamster ein Fernsehgerät gewonnen hat
3. Obwohl mein Kanarienvogel nicht singen kann
4. Seitdem meine Perserkatze einen Pelzmantel hat
5. Wenn mein Bernhardiner Sehnsucht nach den Bergen bekommt
6. Damit meine Meerschweinchen das Radfahren lernen

a) habe ich ihnen zwei Klingeln gekauft
b) jodle ich dreimal am Tag
c) gibt es noch mehr Haare in der Wohnung
d) gehe ich mit ihm oft in die Oper
e) habe ich ihnen Schwimmflossen aus Baumwolle gestrickt
f) sitzt er den ganzen Tag vor der Glotze

1. –   2. –   3. –   4. –    5. –   6. –

Nebensätze I

Test 3
Bestimme, ob es sich um temp(orale), kaus(ale) oder mod(ale) Nebensätze handelt.

Der treue Sugar

Sugar, ein cremefarbener Kater, gehörte einer Familie Woods in Kalifornien. Weil es aber weiter im Norden bessere Verdienstmöglichkeiten gab (   ), beschloss die Familie umzuziehen. Als die Familie gerade losfuhr (   ), sprang Sugar, weil er schreckliche Angst vor dem Auto hatte (   ), aus dem Wagenfenster. Die Woods mussten abreisen, ohne dass es Hoffnung auf ein Wiedersehen gab (   ). 14 Monate später, als Frau Woods gerade die Kühe molk (   ), sprang ihr eine Katze durchs offene Stallfenster auf die Schulter. Es war Sugar! Da er eine besondere Färbung hatte (   ), konnte er eindeutig erkannt werden.

Test 4
Unterscheide die einzelnen Bedeutungen der Nebensätze. Folgende Abkürzungen kannst du verwenden: kon(ditional), fin(al), konz(essiv), kaus(al).

Die Sprache der Katzen

Betrachtet man Katzen näher (   ), kann man viele Ausdrucksmöglichkeiten feststellen. Katzen sind einfühlsame Wesen, können aber, wenn's sein muss (   ), eine ganze Familie beherrschen. Bei der Begrüßung streicht die Katze um deine Beine, um Gerüche mit dir auszutauschen (   ). Sie reibt ihre Duftdrüsen an dir, weil sie dich als ihren Besitz kennzeichnen will (   ). Wenn ein besonderes Vertrauen zwischen deiner Katze und dir besteht (   ), rollt sie sich auf den Rücken. In dieser Lage will sie nicht gekrault werden, obwohl es so aussieht (   ).

68

Beobachtet man den Schwanz der Katze (   ), kann man ihren Gemütszustand gut beurteilen. Bei größeren Katzen zittert der Schwanz, wenn sie aufgeregt sind (   ). Einen Buckel machen sie, damit sie in den Augen ihres Feindes größer erscheinen (   ).

Test 5

Wenn adverbiale Angaben umständlich oder ungenau sind, solltest du sie durch Adverbialsätze ersetzen. Ersetze die blauen Angaben durch Adverbialsätze.

Tiergeheimnisse vor 2000 Jahren

1. Der Adler fliegt vor seinem herannahenden Tod so hoch, dass er sich seine Federn verbrennt.

2. Das Chamäleon wird oft wegen seiner grünen Körperfarbe von Elefanten zusammen mit den Zweigen gefressen.

3. Der Storch bekämpft seine Übelkeit durch das Trinken von Salzwasser.

4. Das Krokodil beweint seine Opfer nach dem „Verzehr" mit vielen Tränen.

5. Bei länger andauernden Schmerzen heilt sich das Wildschwein durch das Fressen von frischem Efeu.

6. Die Smaragdeidechse bewacht den Schlaf des Menschen und weckt ihn bei drohender Gefahr auf, damit ihm nichts passiert.

4 Attributsätze

Attributsätze sind Nebensätze, die ein **Attribut** (= Beifügung) **ersetzen**. Sie bestimmen oder erklären das Wort, zu dem sie gehören, genauer. Wie das Attribut hängt der Attributsatz von einem **Bezugswort** ab. Es darf nicht von ihm getrennt werden. Attributsätze können wie Attribute erfragt werden. Die entsprechenden Fragen lauten: **Welcher, welche, welches? Welche Art von ...?**

Attributsätze sind meistens **Relativsätze**.
Die enge Verbindung zwischen Bezugswort und Attributsatz kannst du leicht am Relativpronomen erkennen. Das Bezugswort bestimmt nämlich den **Numerus** und das **Genus** des Relativpronomens.

Beispiele: Das kleine Zeichen, **das** in den Stab eingeritzt ist, stellt einen Hirsch dar.
Die kleinen Zeichen, **die** in den Stab eingeritzt sind, stellen verschiedene Tiere des Waldes dar.

Manchmal fehlt bei einem Relativsatz das Bezugswort. Du kannst es ergänzen: Es hat denselben Numerus und dasselbe Genus wie das Relativpronomen.

Beispiel: Wer andern eine Grube gräbt, fällt selbst hinein.
→ **Jeder**, der andern eine Grube gräbt, fällt selbst hinein.

Neben den Relativsätzen kommen auch **Konjunktionalsätze** oder **indirekte Fragesätze** als Attributsätze vor.

Beispiel: Zu **welchem überraschenden** Ergebnis kamen die Wissenschaftler?
Die Wissenschaftler kamen zu dem überraschenden Ergebnis, **dass** Punkte und Linien in einer bestimmten Reihenfolge angeordnet waren.

4 Attributsätze

> In einem Satz können auch mehrere Attributsätze vorkommen.
>
> Beispiel: So stellt eine **Schlange, die** sich um den ganzen Stab windet und aus verschieden großen Punkten besteht (Attributsatz 1), einen **Kalender** dar, **mit dessen Hilfe** sich die Jäger die Abläufe in der Natur merken konnten (Attributsatz 2).

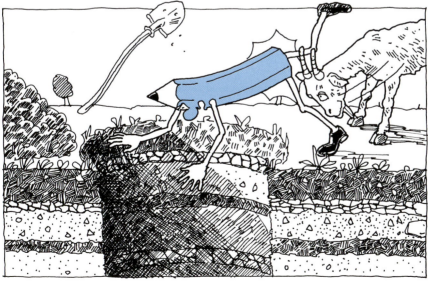

Nebensätze I

1.
Lies den folgenden Text aufmerksam durch und löse die sich anschließenden Aufgaben.

Die Schrift vor der Schrift

Nicht nur unser Alltag hat Geheimnisse. Die Vergangenheit gibt uns noch viel mehr Rätsel auf. Lange Zeit wusste man z. B. nicht, wie sich die Menschen vor der Erfindung der Schrift verständigt haben.
25 000 Jahre vor den ersten Schriftzeichen gab es bereits kleine Zeichnungen, mit denen sich die Menschen damals verständigten. Die in Holz- oder Knochenstäbe eingeritzten Zeichen konnten erst unter dem Mikroskop entziffert werden. Die Wissenschaftler kamen zu dem Ergebnis, dass Punkte und Linien in einer bestimmten Reihenfolge angeordnet waren. So stellt eine Schlange, die sich um den ganzen Stab windet und aus verschieden großen Punkten besteht, einen Kalender dar, mit dessen Hilfe sich die Jäger die Vorgänge in der Natur merken konnten. Außerdem finden sich auf den Schriftstäben kunstvolle Schnitzereien, die für die jeweilige Jahreszeit wichtige Tiere bezeichneten. Ein Lachs mit einem Haken im Unterkiefer weist z. B. auf den Frühling hin. Die jahreszeitlich geordneten Zeichnungen waren für die Jäger von damals eine lebenswichtige Hilfe.

Schreibe die Beifügungen heraus, durch die die folgenden Begriffe im Text näher bestimmt werden.

1. Zeichnungen: _____
_____

2. Zeichen: _____
_____

3. Schnitzereien: _____
_____

4. Schlange: _____
_____

5. Ergebnis: _____

2.

Vermeide unnötige Wortwiederholungen, indem du den jeweils zweiten Satz
in einen Relativsatz umwandelst. Setze dein Trainingsheft ein.

Beispiel: Das Meer birgt viele Geheimnisse. Auf die Lösung dieser Geheimnisse müssen wir noch lange warten.

→ Das Meer birgt viele Geheimnisse, auf deren Lösung wir noch lange warten müssen.

In den unergründlichen Tiefen des Meeres

1. Die Reise in die Tiefen des Meeres ist genauso aufregend wie eine Landung auf dem Mond. Das Meer hat man heute kaum erforscht.

2. In großen Tauchkugeln wird man in die Finsternis hinabgelassen. In diesen Kugeln haben mehrere Leute Platz.

3. Durch Guckfenster kann das verborgene Leben beobachtet werden. Die Fenster sind durch armdickes Glas geschützt.

4. Der Tiefseefühlerfisch tastet vorsichtig den dunklen Meeresboden nach Nahrung ab. Dieser Fisch wird nie das Tageslicht sehen.

5. Manche Wassertiere stehen regungslos und senkrecht im Wasser. Bei diesen Tieren weiß man nicht genau, ob sie Fische sind.

6. Die Seefledermaus bewegt sich mit zwei Beinen und einer Schwanzflosse vorwärts. Diese Fledermaus lässt sich am besten mit einem gerupften Huhn vergleichen.

Nebensätze I

3.
Stilblüten entstehen häufig dadurch, dass in einem Satz Relativsätze nicht richtig auf das Bezugswort bezogen sind. „Pflücke" die folgenden Stilblüten, indem du den zweiten Satz als Relativsatz zum passenden Bezugswort stellst.

Beispiel: Zwei Waldarbeiter wurden von Wildschweinen angegriffen. **Diese** waren mit Forstarbeiten beschäftigt.
→ Zwei Waldarbeiter, **die mit Forstarbeiten beschäftigt waren,** wurden von Wildschweinen angegriffen.

Stilblüten pflücken!

1 Liebe Sportsfreunde!
In neuer Spielbekleidung betrat die gegnerische Mannschaft die Arena. Diese war ganz blau und hatte vorne rosa Längsstreifen.

2 Liebe Versicherung!
Bei dem Unfall wurde mein Wagen von einem Radfahrer stark beschädigt. Der war kurz vorher am Hinterteil neu lackiert worden.

3 Liebe Zeitung!
In einem witzigen Artikel haben Sie den Bundeskanzler gut getroffen. Über den habe ich sehr gelacht.

4 Lieber Herr Lehrer!
Mein Sohn konnte Ihren Deutschunterricht nicht besuchen. Der bringt mich oft zur Weißglut.

5 Lieber Herr Bürgermeister!
In meiner Straße gibt es leider immer noch keine Verkehrsampel. Deren Länge beträgt ungefähr 2 Kilometer.

4 Attributsätze

4.

Setze in die Lücken die passenden Relativausdrücke ein. Bei einigen brauchst du auch Präpositionen.

Wandern im Kühlschrank

Als junge und einfallsreiche Reiseunternehmer machen wir Ihnen heute ein

Angebot, _____ Sie in anderen Prospekten vergebens

suchen. Wandern im Kühlschrank – ein Erlebnis, _____

andere Erlebnisse verblassen lässt. Unser erfahrener Wanderführer Emil Eis-

bein, _____ Sie sich blind verlassen können, steht Ihnen

jederzeit zur Seite. Er wird Sie auf Dinge hinweisen,_____

Sie sonst vorbeigehen. Er zeigt Ihnen Tricks, _____ Sie

fürs Überleben brauchen. Es sollen ja zwei aufregende Urlaubswochen wer-

den, _____ Sie noch lange denken werden. Zunächst

öffnen wir vorsichtig die Tür des Kühlschranks, _____

sich eine überraschende Welt auftut. Wir wenden uns gleich nach links und

lassen den Blumenkohl, _____ sich uns drohend in den

Weg stellt, rechts liegen.

5.
Verwandle die eingeschobenen Hauptsätze in Relativsätze. Benutze dazu dein Trainingsheft.

Futhark – die rätselhafte Schrift der Germanen

Die Runen – die Germanen nannten sie selbst Geheimnis – bieten auch uns noch viele Rätsel. Sie wurden meist zufällig an Orten – sie lagen in dunklen Wäldern verborgen – gefunden. Diese alten Botschaften – sie bestehen oft nur aus wenigen Wörtern und sind schwer zu erkennen – stehen vor allem auf Gegenständen aus Metall oder Stein. Erstaunlich ist, dass die Inschriften – von ihnen gibt es nur wenige – fast nichts aussagen. Auf einem riesigen Granitblock – die Forscher haben ihn in Schweden entdeckt – stand lediglich der Name des Steinmetzen. Man hat auch Holzstäbchen oder Steinchen – auf ihnen war je eine Rune eingeritzt – gefunden. Sie dienten wahrscheinlich den Runenmeistern – diese muss man sich als Zauberer oder Medizinmänner vorstellen – dazu, die Zukunft zu deuten.

6.
Manchmal sind Attribute unübersichtlich und umständlich. Es ist dann besser, sie durch Attributsätze zu ersetzen. Verbessere auf diese Weise die blau geschriebenen Ausdrücke und übertrage die Sätze in dein Heft.

Das erste Flugzeug

Das aus einem leichten Holzrahmen gebaute Gerüst ist etwa 30 Fuß breit. In der Mitte des mit festem Leinen bespannten Gerüstes hat man einen die Flügelräder antreibenden Benzinmotor angebracht. Weitere Teile sind die aus zwei Propellerschrauben mit sechs Flügeln bestehenden Räder. Die unmittelbar unter dem Schwerpunkt angebrachte Schraube erzeugt mit der zweiten am hinteren Teil befestigten Schraube die nötige Schubkraft. Von der Mitte des Flugzeugs ragt ein hölzerner, als Steuerruder wirkender Rahmen nach vorne. Dieses nach beiden Seiten bewegliche Steuerruder wird vom Flugzeuglenker bedient. Er muss auch die den Flugapparat festhaltende Sperre lösen. Dann erhebt sich der einem Riesenvogel gleichende Apparat in die Lüfte.

7.

Trage in die Lücken das oder dass ein. Überprüfe, ob vor dem Nebensatz ein passendes Bezugswort steht.

Die älteste menschliche Siedlung

Das älteste Dorf, ——— man gefunden hat, liegt im Jordantal. Die Entdeckung, ——— es sich bereits um eine richtige Ansiedlung mit Häusern aus Stein handelte, überraschte die Wissenschaftler. Das älteste Haus, ——— halb in den Boden eingegraben war, war bereits mit Mörtel verputzt. Außerdem hat man Pfeiler aus Holz gefunden, ——— diese lange Zeit überdauert hat. Die Pfeiler ragten etwas über die Mauer hinaus; der Zweck, ——— dadurch Licht einfallen konnte, war klar erkennbar. So hatten sich die Menschen vor langer Zeit ein Heim geschaffen, ——— sie vor Regen und Sonne schützte. Der zweite Nutzen, ——— sie ihre Kinder in Sicherheit aufziehen konnten, war gewiss genauso wichtig. Früh hatten sie auch die Entdeckung gemacht, ——— man auf diese Weise außerdem die wilden Tiere abhalten konnte. So entstand wohl das erste Dorf, ——— in erster Linie zum Schutz vor der Natur errichtet wurde.

Zusammenfassung: Nebensätze

Nebensätze spielen in Texten eine wichtige Rolle. Man braucht sie, um sich genauer, ausführlicher oder besser auszudrücken.

Im Deutsch- oder Fremdsprachenunterricht ist es öfters nötig, Nebensätze zu bestimmen und zu untersuchen. Dabei gehst du am besten so vor:

1. Zunächst stellst du mit einem Blick fest, ob ein Nebensatz vorliegt. Das wichtigste Merkmal: Das Prädikat steht im Unterschied zum Hauptsatz an letzter Stelle.

2. Dann kannst du die Form des Nebensatzes bestimmen. Achte dabei auf das einleitende Wort, das den Nebensatz mit dem Hauptsatz verbindet. Es gibt drei Möglichkeiten:
   a) unterordnende Konjunktion, z. B. als, weil, obwohl (Konjunktionalsätze)
   b) Relativpronomen oder -adverb, z. B. der, welche, wo (Relativsätze)
   c) Fragewort, z. B. warum, wie, wohin, ob (indirekte Fragesätze)

3. Ein Nebensatz ist immer von einem Hauptsatz abhängig, weil er ein Satzglied oder ein Attribut (Beifügung) ersetzt. Du kannst also bestimmen, welche Rolle der Nebensatz im Hauptsatz spielt.

I Zusammenfassung: Nebensätze

Gliedsätze sind Nebensätze, die ein Satzglied (z. B. Subjekt, Objekt oder Adverbial) ersetzen. Man unterscheidet folgende Gliedsätze:

- **Adverbialsätze** sind die häufigsten Gliedsätze. Erinnere dich an die sieben verschiedenen Sinnrichtungen, die Adverbialsätze haben können.

    Beispiel: **Abends** legen sich Tier und Mensch zur Ruhe.
    → **Wenn der Abend hereinbricht,** legen sich Tier und Mensch zur Ruhe.

- **Attributsätze** sind Nebensätze, die ein Attribut (Satzgliedteil) ersetzen.

    Beispiel: Das Haus **meines Großvaters** wird neu verputzt.
    → Das Haus, **in dem mein Großvater wohnt,** wird neu verputzt.

Schlusstest: Nebensätze

Test 1

Bestimme die Form der Nebensätze. Abkürzungen: KS = Konjunktionalsatz, RS = Relativsatz.

Schülerlaufbahn

1. Plusquamperfekt: Ich hatte das gelernt, was ich unbedingt musste. (   )

2. Perfekt: Ich habe gelernt, dass dies nicht genügt. (   )

3. Präteritum: Ich lernte das, was von mir erwartet wurde. (   )

4. Präsens: Ich lerne nun, dass nicht alles wichtig ist. (   )

5. Futur I: Ich werde lernen, was ich brauche. (   )

6. Futur II: Ich werde auch das gelernt haben, was ich nicht brauche. (   )

Test 2

Finde in den folgenden Sätzen die Attributsätze heraus. Unterstreiche sie zusammen mit ihrem Bezugswort.

Gute Nacht!

Weil es an Schlafmöglichkeiten fehlte, kamen während des Festspiels von Edinburgh (Schottland) junge Schauspieler auf eine witzige Idee. Als ihnen das Schlafen auf der Bühne verboten wurde, erfanden sie ein neues Theaterstück, das sie „Sieben Stunden Schlaf" nannten. Es handelt davon, dass Personen sich auf der Bühne für die Nacht vorbereiten. Und wie es ganz natürlich ist, fallen sie kurz darauf in einen tiefen Schlaf, aus dem sie erst am Morgen erwachen. Zu der Welturaufführung kam ein einziger Zuschauer, den die Schauspieler am nächsten Morgen schlafend vorfanden. Die Überraschung der Schauspieler, dass ihr Stück so großen Erfolg hatte, war groß. Der Zuschauer, der „Sieben Stunden Schlaf" so einschläfernd gefunden hatte, war der Theaterdirektor.

| Schlusstest: Nebensätze

Test 3

Unterscheide die Konjunktion dass vom Relativpronomen das. Trage das passende Wort in die Lücke ein. Schreibe dann hinter die Sätze, ob es sich um einen Gliedsatz (GS) oder einen Attributsatz (AS) handelt.

Wunder gibt es immer wieder

1. Es kommt recht häufig vor, _____ sich jemand über unsere günstigen Preise wundert. ( )

2. Unsere Möbel sind deshalb sehr günstig, weil das Material, _____
   wir verwenden ( ), aus eigenen Wäldern stammt.

3. Wir garantieren außerdem, _____ unsere Möbel aus lange gelagertem Holz hergestellt sind. ( )

4. Manche meinen auch, _____ es bei uns keinen Service gibt.
   ( )

5. Das Versprechen, _____ wir Ihnen geben ( ), halten wir auch.

6. Jedes Möbelstück, _____ Sie kaufen ( ), bringen wir bis vor Ihre
   Haustür.

7. _____ alles bei Ihnen zu Hause von Fachleuten aufgebaut wird

   ( ), ist dabei selbstverständlich.

81

Nebensätze I

Test 4

Allmählich darfst du dich schon aufs Wochenende freuen. Bestimme aber vorher noch, welche Rolle die Nebensätze in den Hauptsätzen spielen. Trage die entsprechende Nummer beim passenden Begriff ein.

Wochenendumfrage: Worauf freuen Sie sich heute?

Jenny

Mein Wunsch, dass ich am Wochenende Ski fahren kann (1), wird sich wohl nicht erfüllen. Obwohl es im Augenblick recht warm ist (2), hoffe ich, dass die Temperaturen etwas fallen (3).

Kai

Am Wochenende sehe ich meine Freundin, die ich sehr vermisse (4). Was wir bis Sonntagabend miteinander tun (5), ist noch unklar. Aber ich bin mir sicher, dass es schön wird (6).

Das Wetter ist wärmer geworden, sodass mir das Spazierengehen wieder Spaß macht (7). Wenn ich mit meinem Stadtbummel fertig bin (8), besuche ich ein paar Freunde.

Sarah

Roman

Meine Mittagspause, in der ich einen leckeren Salat gegessen habe (9), war sehr schön. Wer weiß, was der Abend noch bringt (10)?!

Subjekt- oder Objektsätze: _____

Adverbialsätze: _____

Attributsätze: _____

| Schlusstest: Nebensätze

Test 5
Tierschützer kümmern sich in der letzten Zeit viel um den Wal.
Bestimme die Bedeutung der Konjunktionalsätze: temp(oral), konz(essiv), kaus(al) oder mod(al).

Der Wal

Bevor wir Menschen die besonderen Fähigkeiten des Wals erkannten (   ), haben wir ihn gründlich „verarbeitet". Erst als er fast ausgerottet war (   ), entdeckten die Forscher seine „menschlichen" Eigenschaften. Obwohl Wale intelligenter sind als Menschenaffen (   ), hat man sie lange Zeit nur als Lieferanten von Fett und Fleisch betrachtet. Weil die Meeressäugetiere ihre geistigen Kräfte ganz anders einsetzen als wir Menschen (   ), sind sie nun interessant geworden. Das witzigste Beispiel: Wale treffen sich jährlich zu einem Sängerwettstreit, wobei sie einen „Lieblingshit" wählen (   ). Nachdem sie sich auf eine Melodie geeinigt haben (   ), geht sie rund um die ganze Welt.

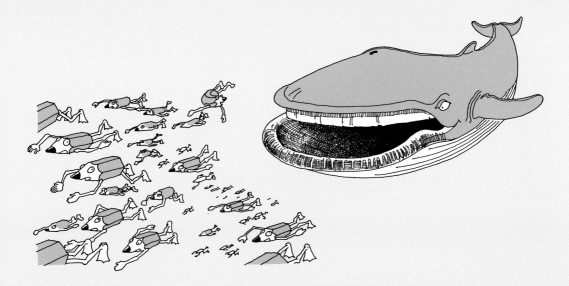

Nebensätze I

Test 6

Der folgende Text über das Geheimnis der Zugvögel ist noch nicht ganz gelungen. Die Hauptsätze stehen unverbunden nebeneinander. Wandle die jeweils zweiten Sätze in die entsprechenden Konjunktionalsätze um.

Das Geheimnis der Zugvögel

1. Die Zugvögel warten viele Tage auf günstige Wetterbedingungen.
   Sie benötigen Winde in südlicher Richtung. (Grund)

   _____
   _____
   _____

2. Ihr Wettersinn spürt Veränderungen im Luftdruck.
   Sie können ihre Flughöhe ständig korrigieren. (Folge)

   _____
   _____
   _____

3. Auf ihrem Flug machen sie häufig Zwischenstopps.
   Sie kommen ohne großen Kräfteaufwand ans Ziel. (Absicht)

   _____
   _____
   _____

4. Kleine Haarfedern an der Brust geben ihnen Informationen.
   So können sie mit dem günstigsten Wind fliegen. (Folge)

   _____
   _____
   _____

I Schlusstest: Nebensätze

Test 7

Ein Ritter hatte es nicht leicht, in seine Rüstung zu kommen. Alles musste in der richtigen Reihenfolge getan werden. Bestimme das Zeitverhältnis zwischen beiden Sätzen. Liegt Gleichzeitigkeit, Vorzeitigkeit oder Nachzeitigkeit vor? Schreibe jeweils hinter den ersten Satz die Abkürzungen GZ, VZ oder NZ und verwandle ihn dann in den entsprechenden Temporalsatz.
Noch ein Tipp: Achte auf die verwendeten Zeiten!

Alles schön der Reihe nach!

1. Eisenstiefel und Blechschienen sind angelegt worden. (   )
   Zwei Helfer befestigen Brust- und Rückenpanzer.

   _____

   _____

2. Der Vorsteckbart, ein Schutz für Kinn und Zähne, wird angebracht. (   )
   Das Armzeug klinkt man mit Zapfen am Brustpanzer ein.

   _____

   _____

3. Sorgfältig werden die Helfer die Stahlhandschuhe befestigen. (   )
   Eine Scheibe wird vor der Achselhöhle festgemacht.

   _____

   _____

4. Man wird dem Ritter das große Schwert reichen. (   )
   Ihm wird am Ende der Helm aufgesetzt.

   _____

   _____

5. Die Knappen haben den Ritter fertig eingekleidet. (   )
   Er schwingt sich aufs Pferd und klappert davon.

   _____

   _____

85

Nebensätze I

Test 8

Manche Ausdrücke mit Präpositionen lassen sich in Nebensätze umwandeln. Wenn diese Präpositionalausdrücke unübersichtlich oder umständlich sind, solltest du das tun.

Beispiel: Der kleine rote Punkt fällt erst **bei wirklich genauem Hinsehen** auf.
→ Der kleine rote Punkt fällt erst auf, **wenn man wirklich genau hinsieht**.

Aus einem Schwimmlehrbuch von 1925

1. Wir stehen mit leicht angezogenem linken Bein fest auf dem rechten Bein und führen das linke Bein dann nach unten.
2. Sofort nach dem Eintauchen des Fußes drücken wir das linke Bein schnell gegen das rechte Bein.
3. Die Bewegung soll bis zum Schließen der Beine durchgezogen werden.
4. Sie soll nur vom linken Spielbein ohne Beteiligung des rechten Standbeines durchgeführt werden.
5. Nach dem weichen Herausheben des linken Beines aus dem Wasser muss alle Kraft zum Wegdrücken des Wassers aufgewendet werden.
6. Diese Übung wird 10-mal ohne dazwischen geschobene Pausen wiederholt.

Test 9

Wandle die Nebensätze in kurze Präpositionalausdrücke um; dabei lässt du jeweils das Prädikat weg.

Beispiel: **weil** er Angst vor dem Wasser hat
→ aus Angst vor dem Wasser

So lernte man früher den Kopfsprung

1. Der Anfänger wird, nachdem er erste Erfolge im hüfttiefen Wasser errungen hat, stolz auf seine Tapferkeit sein.
2. Bevor man ins Wasser springt, sollte jeder tief einatmen.
3. Nachdem man bis zum Grund hinabgetaucht ist, stößt man sich kräftig nach oben.
4. Wenn das Wasser mehr als 2 Meter tief ist, kann man dem Körper nachhelfen, indem man kräftige Armbewegungen durchführt.

Schlusstest: Nebensätze

Test 10

Verbessere den folgenden Text! Überlege dir, welcher inhaltliche Zusammenhang jeweils zwischen den Sätzen besteht. (In der Klammer stehen jeweils zwei Möglichkeiten.)
Bilde aus den blauen Sätzen passende Konjunktionalsätze und trage sie in dein Trainingsheft ein.

Hochzeit bei den Vögeln

1. Der Buntspecht trommelt am liebsten auf morsche Äste. Sie klingen am besten. (Grund/Folge?)

2. Er hämmert mit seinem Schnabel ungefähr 40-mal in der Sekunde auf das Holz ein. Alle Spechtweibchen im Umkreis von zwei Kilometern hören ihn. (Einschränkung/Absicht?)

3. Er feiert Hochzeit. Das erste Weibchen ist angekommen. (Zeit/Absicht?)

4. Er streckt seinen Schnabel nach oben und begrüßt sie lautstark. Der Grauganter umkreist seine erwählte Graugans auf dem Wasser. (Grund/Zeit?)

5. Sie sind beide „verlobt" und bleiben sich das ganze Leben treu. Sie erwidert seinen Ruf. (Bedingung/Einschränkung?)

6. Der Kleiber ist besonders raffiniert. Er klebt die Löcher der Nistkästen oder Baumhöhlen zu. (Absicht/Grund?)

7. Er lässt dabei nur ein kleines Einschlupfloch frei. Größere Vögel müssen sich woanders einen Platz suchen. (Folge/Zeit?)

8. Er macht sich auf die Suche nach ihr. Er hat so für seine „Braut" eine Wohnung besorgt. (Einschränkung/Zeit?)

9. Das Blaumeisenmännchen fliegt besonders tief. Es will durch seinen Mut das Weibchen beeindrucken. (Grund/Folge?)

10. Sie folgt ihm zum gemeinsamen Nest. Das Männchen bringt seiner Angebeteten auch noch eine Raupe als Geschenk. (Bedingung/Folge?)

Jetzt ist Schluss!

Indirekte Rede   II

1	Definition	90
2	Modus	94
3	Tempus	98
4	Pronomen	102
5	Satzarten	106
	Zusammenfassung: Indirekte Rede	110
	Schlusstest: Indirekte Rede	112

1 Definition

Die nichtwörtliche Wiedergabe von Äußerungen nennt man **indirekte Rede**. Man nennt sie auch „berichtete Rede", weil berichtet wird, was jemand gesagt hat. Man braucht sie vor allem in Nachrichten, Protokollen oder Inhaltsangaben.

Die indirekte Rede ist meistens abhängig von Verben wie **sagen, behaupten, fragen, auffordern.** Die Redeeinleitung **„Er sagte/fragte"** o. Ä. steht meistens unmittelbar vor der indirekten Rede und wird durch ein Komma von ihr getrennt. Doppelpunkt und Anführungszeichen gibt es im Unterschied zur direkten Rede nicht.

In den folgenden Beispielen erscheint Familie Tunichtgut, die nach dem Verschwinden von Gummibärchen von der Polizei verhört wird.

Beispiel:

Direkt	Indirekt
Ernst Tunichtgut sagte aus: „Wir haben mit den verschwundenen Gummibärchen nichts zu tun. Wir sind anständige Leute und lügen nicht."	Herr Tunichtgut sagte aus, er und seine Familie hätten mit den verschwundenen Gummibärchen nichts zu tun. Sie seien anständige Leute und würden nicht lügen.

Die indirekte Rede unterscheidet sich sprachlich ganz deutlich von der direkten Rede. **Drei Merkmale** kennzeichnen die indirekte Rede:

1. Modus
Die indirekte Rede steht im **Konjunktiv**.

Beispiel:

Direkt	Indirekt
Susi sagte: „Ich **bin** unschuldig."	Susi sagte, sie **sei** unschuldig.

1 Definition

2. Pronomen

In der indirekten Rede ändern sich meist die Pronomen. Sie hängen davon ab, wer die Äußerungen wiedergibt.

Beispiel:

Direkt
Susi sagte: „**Ich** bin unschuldig.“

Indirekt
Susi sagte, **sie** sei unschuldig.

3. Satzart

In der indirekten Rede gibt es nur den **Aussagesatz**. Frage- und Befehlssätze werden entsprechend umgewandelt. Deshalb gibt es weder Fragezeichen noch Ausrufezeichen.

Beispiel:

Direkt
Frieda Tunichtgut fragte:
„Weshalb wird mein Sohn ver-
dächtigt? Haben Sie Beweise?“

Indirekt
Frau Tunichtgut fragte,
weshalb ihr Sohn verdächtigt werde
und **ob** die Polizei Beweise habe.

Beachte:

In der indirekten Rede kannst du die ursprünglichen Äußerungen kürzen und Unwichtiges weglassen. Dabei muss aber der Sinn erhalten bleiben.

Beispiel:

Direkt
Kalle Tunichtgut forderte:
„Fragen Sie doch einmal meine
heiß geliebte Schwester!
Und lassen Sie mich bitteschön
endlich in Ruhe!“

Indirekt
Der Sohn Kalle forderte die
Polizisten auf, sie sollten seine
kleine Schwester fragen und
ihn in Ruhe lassen.

Neben der indirekten Rede gibt es noch die Möglichkeit, direkte Äußerungen in einen **dass-Satz** umzuwandeln. Dies ist aber nur sinnvoll, wenn es sich um einen einzelnen Satz handelt; sonst würde sich die Konjunktion **dass** zu oft wiederholen.

Beispiel:

Direkt
Susi sagte aus:
„Ich bin unschuldig.“

Indirekt
Susi behauptete,
dass sie unschuldig ist.

91

Indirekte Rede II

1.
Lies den folgenden Text aufmerksam durch und löse die sich anschließenden Aufgaben.

Die verschwundenen Gummibärchen

13 junge Gummibärchen sind spurlos verschwunden. Der Tat dringend verdächtig ist Kalle Tunichtgut, 13 Jahre.
Beim polizeilichen Verhör wurden folgende Aussagen gemacht.
Ernst Tunichtgut sagte aus: „Wir haben mit den verschwundenen Gummibärchen nichts zu tun. Wir sind anständige Leute und lügen nicht."
Frieda Tunichtgut fragte: „Weshalb wird mein Sohn verdächtigt? Und haben Sie Beweise?"
Susi Tunichtgut beteuerte: „Ich bin unschuldig, ich war nämlich um 13 Uhr bei meiner Freundin. Gummibärchen habe ich hier noch nie gesehen."
Kalle Tunichtgut forderte: „Fragen Sie doch einmal meine kleine Schwester! Und lassen Sie mich bitteschön endlich in Ruhe!"

Polizist Holzauge erstattet nun seinem Vorgesetzten schriftlich Bericht:

Herr Tunichtgut sagte aus, er und seine Familie hätten mit den Gummibärchen nichts zu tun. Sie seien anständige Leute und würden nicht lügen.

Frau Tunichtgut fragte, weshalb ihr Sohn verdächtigt werde und ob die Polizei Beweise habe.

Ihre Tochter Susi beteuerte, sie sei unschuldig. Sie sei nämlich um 13 Uhr bei ihrer Freundin gewesen. Gummibärchen habe sie in der Wohnung angeblich noch nie gesehen.

Deren Bruder Kalle forderte, die Polizei solle seine Schwester fragen und ihn in Ruhe lassen.

Vergleiche die direkten Äußerungen der vernommenen Personen mit ihren Äußerungen im Bericht des Polizisten und unterstreiche die Veränderungen.

1 Definition

Fülle im folgenden Text die Lücken in der indirekten Rede aus.

Herr Tunichtgut sagte aus, er und _____ Familie _____ mit den verschwundenen Gummibärchen nichts zu tun. Sie _____ anständige Leute und _____ nicht _____.

Frau Tunichtgut fragte, weshalb _____ Sohn verdächtigt _____ und ob die Polizei Beweise _____.

Tochter Susi beteuerte, sie _____ unschuldig, _____ _____ nämlich um 13 Uhr bei _____ Freundin _____. Gummibärchen _____ sie _____ _____ noch nie gesehen.

Sohn Kalle verlangte lautstark, die Polizei _____ seine Schwester fragen und _____ in Ruhe _____.

2 Modus

Die **indirekte Rede** steht in der Regel im **Konjunktiv I**. Die Formen des Konjunktivs I unterscheiden sich jedoch oft nicht von den Formen des Indikativs. Deshalb gibt es (leider) zwei Zusatzregeln.

1. Zusatzregel:
Wenn sich der Konjunktiv I vom Indikativ nicht unterscheidet, ersetzt man ihn durch den **Konjunktiv II**.

Beispiel:

Direkt	Indirekt
Ernst Tunichtgut sagte aus: „Wir haben mit den verschwundenen Gummibärchen nichts zu tun."	Herr Tunichtgut sagte aus, sie **hätten** mit den verschwundenen Gummibärchen nichts zu tun.

2. Zusatzregel:
Wenn sich der Konjunktiv II nicht vom Indikativ Präteritum unterscheidet, wird die Umschreibung mit **würde** verwendet.

Beispiel:

Direkt	Indirekt
Ernst Tunichtgut sagte aus: „Wir lieben Gummibärchen nicht."	Herr Tunichtgut sagte aus, sie **liebten** Gummibärchen nicht. – Besser und deutlicher: sie **würden** Gummibärchen nicht **lieben**.

Die Umschreibung mit **würden** ist auch bei Verben erlaubt, deren Konjunktiv II ungebräuchlich ist oder unschön klingt.

Beispiel:

Direkt	Indirekt
Ernst Tunichtgut sagte aus: „Wir lügen nicht."	Herr Tunichtgut sagte aus, sie **lögen** nicht. – Besser und üblicher: sie **würden** nicht lügen.

2 Modus

1.
Vervollständige die Sätze in der indirekten Rede durch passende Sätze.

sie kennt den Film schon

sie ist noch nicht müde

sie hat ihre Badekappe vergessen

sie kann den neumodischen Tanz nicht

sie macht gerade eine Diät

ihre Zahnspange stört sie

Alles nur Ausreden!

Sie behauptet,

es sei zu hell zum Küssen und außerdem _____

_____

es sei zu spät fürs Kino und außerdem _____

_____

es sei zu heiß zum Tanzen und außerdem _____

_____

es sei zu früh fürs Heimgehen und außerdem _____

_____

es sei zu kalt zum Schwimmen und außerdem _____

_____

es sei zu dunkel zum Essen und außerdem _____

_____

Indirekte Rede II

2.

Kennst du die Sage von der verschollenen Insel Atlantis? Wandle den Text in die indirekte Rede um. Benutze dabei das Präsens.

Die Insel Atlantis (Teil 1)

Auf dem höchsten Punkt der Insel liegt die Königsburg. In ihr befindet sich ein Heiligtum, das von einer Mauer umgeben ist. Dorthin bringen die Menschen jährlich die Früchte der Jahreszeit. Die Außenwände haben die Einwohner mit Silber überzogen, nur die Zinnen sind aus reinem Gold. Die Wände im Innern bestehen aus Bergerz. Das größte Götterstandbild erreicht mit seinem Haupt die Decke. Auch der Altar entspricht in seiner Pracht der Umgebung. An den Außenwänden umstehen goldene Säulen den Tempel.

Alte Sagen berichten,

2 Modus

3.

Wandle den Text in die direkte Rede um.

Die Insel Atlantis (Teil 2)

Überall auf der Insel würden die Bewohner von Atlantis den Göttern prächtige Tempel erbauen. Auf der größten Insel sei außerdem eine große Rennbahn errichtet worden. Die Plätze um den Königssitz herum nähmen zahlreiche Wohnhäuser ein, die ebenfalls kostbar ausgestattet seien. Geschäftiges Treiben herrsche im Hafen. Schon von weitem könne man den Lärm und das Geschrei der Seeleute und Händler hören. Ständig kämen von auswärts Handelsschiffe, die kostbare Waren brächten.

Ein alter Mann hat mir im Traum Folgendes erzählt:

3 Tempus

Für das **Tempus in der indirekten Rede** gibt es zwei einfache Regeln:

1. **Präsens** und **Futur bleiben unverändert**.

   Beispiel:

Direkt	Indirekt
Susi sagt/sagte/hat gesagt: „Ich **bin** unschuldig."	Die Tochter sagt/sagte/hat gesagt, sie **sei** unschuldig.
Erich Tunichtgut sagt/sagte/hat gesagt: „Ich **werde** mich beschweren."	Herr Tunichtgut sagt/sagte/hat gesagt, er **werde** sich beschweren.

2. Die drei **Zeiten der Vergangenheit** (Präteritum, Perfekt, Plusquamperfekt) werden durch das **Perfekt zusammengefasst**.

   Beispiel:

Direkt	Indirekt
Susi sagt/sagte/hat gesagt: „Ich **war** bei meiner Freundin." „Ich **bin** bei meiner Freundin **gewesen**."	Die Tochter sagt/sagte/hat gesagt, sie **sei** bei ihrer Freundin **gewesen**.

Beachte:
Konjunktivformen der direkten Rede werden **unverändert** übernommen.

Beispiel:

Direkt	Indirekt
Frieda Tunichtgut sagte: „Ich **würde** einem Gummibärchen nie etwas antun."	Frau Tunichtgut sagte, sie **würde** einem Gummibärchen nie etwas antun.

1.

Ein Kriminalanwärter hat den Verdächtigen verhört und ein Protokoll verfasst. Dabei hat er aber die Aussagen in dass-Sätzen wiedergegeben. Verwandle alle dass-Sätze in eine richtige indirekte Rede, die du von dem Satz abhängig machst „Der Verdächtige sagte aus, …". Trage das verbesserte Protokoll in dein Trainingsheft ein.

1. Der Verdächtige sagte aus, dass er als Täter nicht in Frage kommt, weil er als Linkshänder die Waffe gar nicht richtig in die Hand nehmen kann.

2. Er sagte weiterhin aus, dass er unschuldig ist und dass er das Opfer vorher nie gesehen hat.

3. Außerdem sagte er aus, dass er am Montag ganz bestimmt nicht am Tatort war, weil er zur gleichen Zeit seine Tante im 100 km entfernten Köln besuchte.

4. Dann sagte er, dass man ihn mit Gewalt auf die Wache geschleppt hat.

5. Schließlich sagte er, dass er sich beim Polizeipräsidenten beschweren wird.

Indirekte Rede II

2.
Ein Reporter einer Schülerzeitung hat sich folgende Aussagen zum Thema Noten notiert. Kürze sie, indem du die blauen Ausdrücke weglässt. Gib sie dann in der indirekten Rede wieder.

Umfrage: Auf welche Note sind Leute stolz?

1. Philipp (20): Er war sehr stolz auf die Eins in Biologie. Dafür musste er sich wahnsinnig anstrengen und jeden Tag büffeln.

_____
_____
_____

2. Marie (19), Schülerin: Sie hat sich über die Eins in Sport gefreut. Dafür hat sie überhaupt gar nichts tun müssen. Deshalb wird sie Sport studieren.

_____
_____
_____

3. Markus (39), Museumsdirektor: Auf eine Note war er nie stolz. Nur in Mathematik freute er sich wenn er eine Eins bekam. Bei seinem Sohn wird er sehr nachsichtig sein.

_____
_____
_____

4. Lisa (37), Sachbearbeiterin: Für gute Noten im Zeichnen musste sie fast nichts tun. Sie wird bei ihren Kindern nicht viel Wert auf gute Noten legen.

_____
_____
_____

3 Tempus

3.

Achte bei der Umwandlung der indirekten Rede in die direkte vor allem darauf, welche Konjunktivformen auch in der direkten Rede erhalten bleiben.

Aus derselben Umfrage

1. Bernd sagte, die Noten seien nie sehr wichtig gewesen. Am besten wäre es, die Kinder erst ab zehn Jahren in die Schule zu schicken.

   _____

   _____

   _____

2. Lena sagte, in der Schule habe es immer viel Spaß gegeben.

   _____

   _____

3. Karl sagte, früher sei alles ganz anders gewesen. Heute wäre die Freude am Lernen sicher größer, wenn es weniger Ablenkung gäbe.

   _____

   _____

   _____

4 Pronomen

Die **Personalpronomen** (= persönliche Fürwörter), die in der indirekten Rede verwendet werden, richten sich nach dem, der die Äußerungen wiedergibt. Weil dies meistens nicht dieselbe Person ist, die ursprünglich gesprochen hat, ändern sich die Pronomen.

Bei der 3. Person musst du auf das richtige **Genus** (Geschlecht) achten.

Beispiel:

Direkt	Indirekt
Erich Tunichtgut sagte: „**Ich** lüge nicht."	Vater Tunichtgut sagte, **er** lüge nicht.
Susi Tunichtgut sagte: „**Ich** bin unschuldig."	Seine Tochter Susi sagte, **sie** sei unschuldig.

Manchmal kannst du ein Pronomen der direkten Rede auch durch ein geeignetes Substantiv ersetzen.

Beispiel:

Direkt	Indirekt
Vater Tunichtgut sagte: „**Wir** sind anständige Leute."	Herr Tunichtgut sagte, **er und seine Familie (sie)** seien anständige Leute.

Auch die **Possessivpronomen** (= besitzanzeigende Fürwörter) passen sich an den an, der die Äußerungen wiedergibt.

Beispiel:

Direkt	Indirekt
Erich Tunichtgut sagte: „**Meine** Kinder tun so etwas nicht."	Vater Tunichtgut sagte, **seine** Kinder täten so etwas nicht.

4 Pronomen

Beachte:
Auch **Raum- und Zeitangaben**, die sich auf die ursprüngliche Situation beziehen, müssen entsprechend geändert werden.

Beispiel:

Direkt
Susi sagte: „Gummibärchen habe ich **hier** noch nie gesehen."

Indirekt
Susi sagte, Gummibärchen habe sie **in ihrer Wohnung** noch nie gesehen.

1.
Du bist Protokollführer(in) bei Gericht und notierst bei der Vernehmung folgende seltsame Ausreden.

Aus dem Bayerischen Amtsgericht

Du notierst:

Der Angeklagte sagte aus, ...

1. „Mein Nachbar ist in meine Faust hineingefallen."

2. „Mein Bierkrug hat sich selbstständig gemacht und das bedauernswerte Opfer ohne meine Schuld verletzt."

3. „Ich beantrage wegen meiner erwiesenen Unschuld Schadensersatz für das verschüttete Bier."

4. „Ich bitte um ein mildes Urteil. Meine Freunde vom Stammtisch sehnen sich nach mir."

Indirekte Rede II

2.
Ändere die Pronomen der direkten Rede je nachdem, wer sie wiedergibt.

Cristiana sagte:
„Ich fahre gerne mit meiner Mutter nach München. Dort treffen wir unseren Freund. Mit dem werden wir dann vietnamesisch essen gehen."

Es berichtet von den Äußerungen Cristianas:

– ein Bekannter: _____

_____

_____

– Cristianas Mutter: _____

_____

_____

– der Freund: _____

_____

_____

3.
Verfasse einen Nachrichtentext, wobei du die direkte Rede in eine indirekte umwandelst. Setze dein Trainingsheft ein.

Übung macht den Meister

Der Lehrer R. S. hat in Tokio den Wettbewerb der größten Schreihälse gewonnen. Er meinte: „Durch mein tägliches Training in der Schule ist es gar nicht schwer gewesen. Meine Schüler können nicht still sein, deshalb muss ich immer sehr laut reden." Im Wettbewerb brachte er es auf satte 116,7 Dezibel (sehr starker Verkehrslärm: 100 Dezibel). „Das Preisgeld von 700 € wird an meine Schüler verteilt. Die können nämlich noch lauter sein als ich!", behauptete der lautstarke Lehrer. Er versprach: „Nächstes Jahr werde ich wieder am Wettbewerb teilnehmen."

4 Pronomen

4.

Schreibe den Zeitungsbericht zu einem lebendigen Text um, indem du die indirekte Rede in die direkte umwandelst.

11-Jähriger fängt Dieb

Vor einer Woche ist durch die Geistesgegenwärtigkeit des 11-jährigen P. R. ein gemeiner Diebstahl verhindert worden. Am helllichten Tag entriss ein Mann einer alten Frau die Handtasche. Ihm sei der Mann schon vorher aufgefallen, weil der seine Zeitung verkehrt herum gehalten habe, meinte der junge Detektiv. Er habe sich ihm in den Weg gestellt und die gestohlene Handtasche zurückverlangt. Der Mann war wohl davon so überrascht, dass er die Tasche auf den Boden warf und flüchtete. Durch die genaue Täterbeschreibung konnte dieser kurz darauf festgenommen werden. Erst hinterher sei er sich der Gefahr bewusst geworden, gestand der junge Held. Vom Oberbürgermeister bekam er gestern als Anerkennung eine Urkunde und ein Geschenk. Die Feier im Rathaus rege ihn mehr auf als der Diebstahl, gab er zu.

Der junge Held sagte unserem Reporter:

105

5 Satzarten

Die indirekte Rede ist kein selbstständiger Satz, sondern abhängig von der Redeeinleitung (Sie sagte/stellte fest etc.). Die drei Hauptsatzarten Aussagesatz, Fragesatz und Befehlssatz müssen deshalb in der indirekten Rede umgewandelt werden.

1. Beim Aussagesatz ändert sich die Reihenfolge der Wörter nicht. Das hast du bei allen bisherigen Beispielsätzen automatisch richtig gemacht.

2. Beim Fragesatz musst du zwischen der **Ergänzungsfrage** und der **Entscheidungsfrage** unterscheiden.

   a) Die Ergänzungsfrage (W-Frage) beginnt mit dem Fragewort. Das Prädikat steht – wie in einem Nebensatz – am Ende.

   Beispiel:

Direkt	Indirekt
Frieda Tunichtgut fragte: „Weshalb wird mein Sohn verdächtigt?"	Frau Tunichtgut fragte, **weshalb** ihr Sohn verdächtigt werde.

   b) Die Entscheidungsfrage (Ja/Nein-Frage) wird mit dem Wörtchen **ob** eingeleitet.

   Beispiel:

Direkt	Indirekt
Frieda Tunichtgut fragte: „Haben Sie Beweise?"	Frau Tunichtgut fragte, **ob** die Polizei Beweise habe.

3. Der Befehlssatz wird durch das Modalverb **sollen** ausgedrückt.

   Beispiel:

Direkt	Indirekt
Kalle Tunichtgut sagte: „Lassen Sie mich in Ruhe!"	Der Sohn Kalle sagte zu den Polizisten, sie **sollten ihn in Ruhe lassen**.

5 Satzarten

1.
Wandle die direkten Befehlssätze in indirekte um und trage sie in dein Trainingsheft ein.

Gute Tischsitten vor 350 Jahren

1. Stützt den Ellbogen nicht auf den Tisch!
2. Sitzt aufrecht!
3. Lehnt euch nicht mit der Schulter an den Stuhl!
4. Kratzt euch nicht am Kopf!
5. Lasst das Nasenbohren sein!
6. Wendet euch auf die Seite, wenn ihr hustet!
7. Riecht nicht an den Speisen!
8. Legt nichts vom Mund auf den Teller!

*In einem alten Benimmbuch stand,
die Menschen sollten ...*

107

Indirekte Rede II

2.
Wandle die direkten Fragesätze in indirekte um.

Fragen kostet nichts

Kleine Kinder sind neugierig und stellen viele Fragen:

1. Wie dick ist das Eis am Südpol?
2. Schläft das Murmeltier im Winter länger als der Igel?
3. Gibt es in Deutschland mehr Katzen als Hunde?
4. Warum haben Fallschirme in der Mitte ein Loch?
5. Kann man einen Lügner an seinem Lächeln erkennen?
6. Wie wird ein Tischtennisball hergestellt?

Da gab es einmal einen Jungen, der wollte immer alles wissen. Und so hat er seinen Vater gefragt, ...

1. _wie_
2.
3.
4.
5.
6.

3.
Berichte vom Inhalt der Fabel und wandle dabei die direkte Rede in die indirekte um. Verwende passende Redeeinleitungen und übertrage die Fabel in dein Heft.

Der Frosch und die Maus

Eine Maus lud einen Frosch zu sich in die Vorratskammer eines reichen Mannes ein und forderte ihn auf: „Iss nach Herzenslust und nimm dir die besten Speisen!" Nach der Mahlzeit lud der Frosch die Maus zu sich ein: „Komm mit mir! Mäste dich an meinen Schätzen!" Als sie an einen Fluss kamen, fragte die Maus: „Wie komme ich ans andere Ufer? Bringst du mich hinüber?" Der Frosch sagte: „Ich binde deinen Fuß an meinen, damit du nicht ertrinkst." Als die Maus merkte, dass der undankbare Frosch sie ertränkte, sagte sie: „Ich werde von dir getötet werden. Aber gib Acht! Ein Stärkerer wird mich rächen." Kurz darauf schoss ein Habicht vom Himmel herab und verschlang Maus und Frosch.

Zusammenfassung: Indirekte Rede

Die indirekte Rede hat drei Merkmale:

1. Der Modus der indirekten Rede ist der Konjunktiv I. Wenn sich Konjunktiv I und Indikativ nicht unterscheiden, wird als Ersatzform der Konjunktiv II gewählt. Wenn der Konjunktiv II die gleiche Form hat wie der Indikativ (Präteritum), wird die Umschreibung mit würde gewählt.

   Beispiel: Er sagt, sie lachen über ihn.
   Er sagt, sie lachten über ihn.
   Er sagt, sie würden über ihn lachen.

   Die Umschreibung mit würde wählt man auch bei ungebräuchlichen Formen des Konjunktiv II.

   Beispiel: Ich sagte, ich fahre später.
   Ich sagte, ich führe später.
   Ich sagte, ich würde später fahren.

2. Die Pronomen verändern sich in der indirekten Rede. Du musst vor allem bei den Personal- und Possessivpronomen darauf achten, dass keine falschen Bezüge entstehen. Bei der 3. Person musst du zusätzlich auf das richtige Genus achten.

   Beispiel: Erich Tunichtgut sagte: Herr Tunichtgut sagte,
   „Ich bin unschuldig."   er sei unschuldig.

   Susi Tunichtgut sagte: Tochter Susi sagte,
   „Ich bin unschuldig."   sie sei unschuldig.

II Zusammenfassung: Indirekte Rede

3. Die Satzarten werden in der indirekten Rede unterschiedlich behandelt.

a) Aussagesätze verändern die Reihenfolge der Wörter nicht.

Beispiel: Erich Tunichtgut sagte: Herr Tunichtgut sagte,
           „Ich lüge nicht."   er lüge nicht.

b) Ergänzungsfragen (W-Fragen) beginnen mit dem Fragewort.

Beispiel: Er fragte: Er fragte,
           „Warum glauben Sie   warum man ihm
           mir nicht?"   nicht glaube.

c) Entscheidungsfragen (Ja/Nein-Fragen) werden mit dem Wörtchen ob
   eingeleitet.

Beispiel: Er fragte: Er fragte,
           „Haben Sie einen   ob die Polizei einen
           Verdacht?"   Verdacht habe.

d) Befehlssätze werden mit dem Verb sollen wiedergegeben.

Beispiel: Er sagte: Er sagte,
           „Verlassen Sie   die Polizei solle seine
           meine Wohnung!"   Wohnung verlassen.

111

Schlusstest: Indirekte Rede

Test 1
Wandle die Äußerungen des berühmten Naturwissenschaftlers Plinius (geb. 23 n. Chr.) in indirekte Aussagesätze um.

Was die Menschen vor fast 2 000 Jahren von den Bienen wussten

1. Die Bienen sind nur zum Nutzen für die Menschen geschaffen.

2. Sie verkriechen sich beim Untergang des Siebengestirns und ruhen bis zur Blütezeit der Bohnen.

3. Sie tragen das Bienenbrot zusammen; es schmeckt recht bitter und dient ihnen als Nahrung.

4. In der Nacht schlafen sie auf dem Rücken. Mit ihren Flügeln schützen sie sich vor dem Tau.

5. Bei Sturm nehmen sie fürs Gleichgewicht ein Steinchen und fliegen nur in Bodennähe.

6. Faule Bienen werden von den anderen mit dem Tode bestraft.

Vor fast 2 000 Jahren war man der Meinung, ...

Test 2
Gib Baron Münchhausens Aufschneidereien in der indirekten Rede wieder.

Münchhausens Übertreibungen

1. „Ich ritt auf einer Kanonenkugel ins Lager der Feinde."

2. „In Russland war es so kalt, dass die Töne in meinem Jagdhorn einfroren."

3. „Eines Morgens hing mein Pferd an einer Kirchturmspitze."

II Schlusstest: Indirekte Rede

4. „Ich schoss einen Hirsch mit Kirschkernen. Aus denen wuchs dann ein Baum."

5. „Mein treuer Jagdhund lief sich die Beine ab, so schnell war er."

Ich habe selbst von Baron Münchhausen gehört, ...

Test 3
Wandle die Satzarten richtig in die indirekte Rede um.

Der Fuchs und der Esel (1)

Ein Fuchs kommt zu einem Esel und sagt: „Du bist ein hochansehnliches Tier, und man nennt dich den Freund der Freude. Willst du mit mir im Wald spazieren gehen?" Der Esel fragt: „Was gibt es dort zu sehen?" Da schwärmt der Fuchs: „Es wartet eine wunderschöne Eselin auf dich. Sie wird dir nicht widerstehen können. Glaube mir!" Und so gehen der Fuchs und der Esel zusammen in den Wald.

Test 4
Wandle die indirekte Rede in die direkte um.

Der Fuchs und der Esel (2)

Im Wald wartet der Löwe. Der Esel verstummt vor Schreck. Der Fuchs aber sagt zum König der Tiere, er freue sich, ihn zu sehen. Zum Frühstück bringe er ihm diesen fetten Esel mit. Er solle es sich gut munden lassen. Und womit könne er ihm noch dienen. Der ernste Löwe spricht, der Esel werde ihm zur Mahlzeit dienen. Ihn selbst wolle er zum Frühstück wählen. Und zu den Menschen gewandt rät der Löwe, sie sollten den Verräter hassen und den Verrat nützen.

113

Indirekte Rede II

Test 5

Wandle die direkte Rede in die indirekte Rede um und umgekehrt.

Goldene Fußballspieler-Worte

1. J. H. (Trainer eines Bayernligavereins) gab zu: „Von der Bayernliga habe ich keine Ahnung."

2. S. S. (Fußballtrainer) betonte: „Von einem Mannschaftskapitän erwarte ich mehr als den Gewinn der Seitenwahl."

3. B. B. (ehemaliger Fußballspieler) sagte mit entwaffnender Ehrlichkeit, der Beruf als Manager interessiere ihn nicht. Da müsse man 48 Stunden am Tag arbeiten.

4. P. L. (Fußballspieler) meinte vor dem Abflug: „Wir müssen zuerst in Moskau spielen. Da kann ich meiner Frau ein Döschen Kaviar mitbringen."

5. F. G. (Fußballtrainer) warf dem Fußballverband vor, er stelle immer nur Weichen für Züge, die längst abgefahren seien.

II Schlusstest: Indirekte Rede

Test 6

Was haben die Kinder bei der Umfrage wirklich gesagt? Verwandle die indirekten Äußerungen in die ursprünglichen zurück, die du in dein Trainingsheft einträgst. Achte auch auf die Pronomen!

Das blöde Fernsehen! Was 10-Jährige so meinen

1. Christian sagt, das Fernsehen sei ein Kasten, den sein Vater um 7 Uhr abends anstelle und um Mitternacht ausmache.

2. Anja bemängelt, die Leute sähen sich die Werbung über Diät an und würden dabei Unmengen von Pommes frites verschlingen.

3. Meike behauptet, sie kenne eine Familie. Dort gebe es sechs Fernseher, aber keine Bücher im Regal.

4. Viktor empfiehlt, Kinder sollten nie bei den Hausaufgaben vor dem Fernseher sitzen.

5. Ulrike bemerkt, die Ansagerinnen würden jeden Abend ein neues Kleid anziehen.

6. Tobias rät, man könne nach dem Fernsehen draußen in den Pfützen herumtoben.

1. Christian sagt: „..."

115

Lösungen

1 Definition

1.

Milch, Lab und Milchsäure werden zusammengemischt. Die Folge ist, dass diese Mischung langsam dick wird. Die feste Masse, die ein einzelner Mann gar nicht heben kann, wird mit einem Netz herausgeholt. Sie kommt dann in einen Kasten mit einem Deckel, der langsam nach unten gedrückt wird. Die runden Laibe werden in ein Salzbad gelegt, damit sie nicht verderben. Dort bleiben sie, bis sie fest sind. Nach einiger Zeit prüft der Käsemeister den Reifegrad. Nachdem der Käse zwei bis drei Monate gelagert hat, kann er verkauft werden.

Übrigens: Der Emmentaler hat unterschiedlich große Löcher, weil auch die Milchsorten verschieden sind.

2.

Zalagh: Diese Frucht, die (–) eine Schlangenlederhaut hat, besitzt ein trockenes, helles Fruchtfleisch. Wenn (K) man sie geschält hat, kann man sie sofort essen. Weil (K) ihr birnenartiger Geschmack gut zu Eis passt, wird sie gerne gegessen.

Nespoli: Diese kleine Frucht wird manchmal mit einer Pflaume verwechselt, weil (K) ihre Form ihr sehr ähnlich ist. Das Fruchtfleisch, das (–) aprikosenfarben ist, enthält viel Saft. Obwohl (K) es leicht säuerlich schmeckt, passt es ganz gut zu vielen Speisen.

Carambola: Diese Frucht, die (–) die Form eines Sternes hat, wirkt auf dem Tisch sehr schön. Man schneidet sie in Scheiben, damit (K) sich der Rosenduft gut entfaltet. Seltsamerweise stört es die Leute nicht, dass (K) das Fruchtfleisch etwas modrig schmeckt.

3.

Die Banane wächst rund um den Äquator, der (R) die Erde wie eine Bauchbinde umgibt. Ursprünglich stammt die Banane aus dem Fernen Osten. Auf den Gewürzstraßen, die (R) man nach der wichtigsten Ware benannte, kam sie nach Europa. Ungefähr 20 Jahre, nachdem (–) Amerika entdeckt worden war, brachte ein Missionar die ersten Wurzelstöcke, die (R) sehr kostbar waren, ins Land. Heute wachsen die Bananen meist in riesigen Plantagen, die (R) von Wassergräben durchzogen sind. Die Bananen werden grün geerntet, damit (–) sie nicht schon vor dem Transport reif sind. In Kühlschiffen, die (R) eigens dafür gebaut sind, werden sie zu uns gebracht. Erst dann reifen sie aus und warten darauf, dass (–) du sie isst.

118

4.

Kaum jemand weiß die Antwort auf die Frage, wer salzig schmeckt und in diesem Jahr siebzig Jahre alt geworden ist (IF). Ja, er ist es: der Kartoffelchip. Viele wissen auch nicht, wie Kartoffelchips entstehen (IF). Nachdem die Kartoffeln mit der Hand sortiert worden sind (K), heißt es erst einmal warten. Ein raffiniertes Lüftungssystem sorgt dafür, dass die Kartoffeln nicht vorzeitig keimen (K). In einer riesigen Trommel werden dann die Kartoffeln geschält und zerkleinert, damit sie leichter verarbeitet werden können (K). Eine Walze, die auf ein Zehntelmillimeter genau arbeitet (R), schneidet sie dann in Scheibchen. In einem Fritierbad, das aus ungefähr 5 000 Litern Öl besteht (R), werden sie bei genau 170 Grad erhitzt. Wenn sie gesalzen sind (K), werden sie noch mit verschiedenen Geschmacksstoffen gewürzt. Eine elektronische Waage sorgt schließlich dafür, dass jeder Verbraucher genau die gleiche Menge bekommt (K). Am Ende sind aus einem Kilo Kartoffeln genau 250 g Chips entstanden, die uns aus durchsichtigen Tüten entgegenlächeln (R).

5.

Wie bringen die indischen Zauberer ihre Schlangen zum Tanzen? Weshalb bewegen sich die Schlangen so gut nach der Musik? Wie machen die Zauberer das?

6.

Jeden Sonntag sitzt du vor deinem Käse und fragst dich, wer die vielen Löcher in den Käse gebohrt hat. Ich sage dir, wer das macht.
Der Milch, die langsam auf 30 Grad erwärmt wird, fügt man Bakterien hinzu. Löcher sind noch keine da, weil ja auch noch kein Käse da ist. Nun verwandeln die Bakterien den Milchzucker, der in jeder Milch vorhanden ist, in Milchsäure. Die Milchsäure bringt die Milch zum Gerinnen, sodass ein Teil der Milch fest wird. Nachdem man die wässrige Molke abgelassen hat, bleibt die halbfeste Käsemasse zurück. Wenn man eine Weile wartet, dann reift der Käse und wird immer fester. Die Bakterien aber leben immer noch und atmen Gas aus, wie wir Menschen es ja auch tun. An verschiedenen Stellen sammelt sich das Gas, das natürlich dort die Käsemasse verdrängt. Endlich sind die berühmten Löcher da, die das Beste am Käse sind.

7.

Relativsätze: die langsam auf 30 Grad erwärmt wird (Bezugswort: Milch); der in jeder Milch vorhanden ist (Bezugswort: Milchzucker); das natürlich dort die Käsemasse verdrängt (Bezugswort: Gas); die das Beste am Käse sind (Bezugswort: Löcher)

Indirekte Fragesätze: wer die vielen Löcher in den Käse gebohrt hat (Umwandlung: Wer hat die vielen Löcher in den Käse gebohrt?); wer das macht (Umwandlung: Wer macht das?)

2 Subjekt- und Objektsätze

1.

1. Jungen sind später froh <u>über die Existenz der Mädchen</u>. (<u>O</u>)
2. Bei den Noten spielt <u>das Geschlecht</u> keine Rolle. (<u>S</u>)
3. Mädchen finden <u>das Verhalten von Jungen</u> manchmal scheußlich. (<u>O</u>)
4. Es kommt <u>auf die Hilfsbereitschaft der Jungen</u> an. (<u>O</u>)
5. Ein Mädchen glaubt <u>an das nette Wesen von Jungen</u>. (<u>O</u>)
6. Jungen sind später froh, <u>dass es Mädchen gibt.</u>
7. Bei den Noten spielt es keine Rolle, <u>ob jemand ein Mädchen oder ein Junge ist.</u>
8. Mädchen finden es scheußlich, <u>wie sich Jungen manchmal verhalten.</u>
9. Es kommt darauf an, <u>dass Jungen hilfsbereit sind.</u>
10. Ein Mädchen glaubt daran, <u>dass Jungen nett sind.</u>

2.

Weißt du eigentlich,

1. welches die älteste Stadt der Welt ist?
2. dass wir Menschen seit Beginn der Welt erst 30 Sekunden leben?
3. wie viele Nervenzellen das menschliche Gehirn hat?
4. ob es in Deutschland einmal Menschenfresser gab?
5. dass ein leichtes Tuch auf der Stirn das Einschlafen erleichtert?
6. dass wir das Lied „Stille Nacht" nicht richtig singen?
7. ob Goldfische älter als Menschen werden?
8. dass die australischen Koala-Bären kein Wasser trinken?

3.

Es kommt schon mal vor, dass uns jemand wegen unserer günstigen Preise für ein bisschen verrückt hält (<u>S</u>). Dass dies nicht so ist (<u>O</u>), beweisen unsere zufriedenen Kunden. Die Wahrheit ist vielmehr, dass wir einen umfassenden Kundendienst anbieten (<u>S</u>). Wir garantieren außerdem, dass die Möbel zu Ihnen nach Hause geliefert werden (<u>O</u>). Wir versprechen auch, dass alles vor Ort fachgerecht aufgebaut wird (<u>O</u>). Dass unsere Möbel trotzdem sehr günstig sind (<u>S</u>), hat mit unserer Sparsamkeit zu tun. Dass Sie aber unsere Kataloge kostenlos bekommen (<u>O</u>), betrachten wir als Selbstverständlichkeit.

I Nebensätze

4.

„Ich war überrascht darüber, dass es ein so großes Tier in einem Binnenmeer gibt (P). Bald merkte ich, dass es kein Wal war (A). Ich sah nämlich, dass hinter dem ersten Buckel ein zweiter auftauchte (A). Dann tauchte das Tier unter. Ich wunderte mich darüber, dass es sich mit großer Geschwindigkeit fortbewegte (P). Dabei sahen wir, dass das Tier sieben Buckel hatte (A). Die Bugwelle war die eines schnell fahrenden Motorbootes. Dass dies der Wahrheit entspricht (A), kann die ganze Mannschaft mit Ausnahme des Heizers bestätigen."

5.

Meike: Ich glaube, dass manche Jungen wirklich nett sind (A). Es kommt darauf an, dass sie hilfsbereit sind (P). Wie sich einige in der Pause gegenüber Kleineren verhalten (A), finde ich aber scheußlich.

Lena: Die meisten Jungen sind hilfsbereit. Es kommt manchmal sogar vor, dass Jungen ein Mädchen trösten (S).

Anna: Die Jungen wollen immer, dass die Mädchen ihnen gehorchen (A). Darum möchte ich einen hohen Posten im Staat. Die Männer sollen wissen, wo es langgeht (A).

Timo: Später sind wir froh darüber, dass es Mädchen gibt (P).

Marie: Bei den Noten spielt es keine Rolle, ob jemand ein Mädchen oder ein Junge ist (S).

6.

1. Es ist polizeilich angeordnet, dass Autofahrer durch verkehrsberuhigte Straßen besonders rücksichtsvoll und vorsichtig fahren.
2. Es ist nämlich sehr sinnvoll, dass Kinder auch auf der Straße spielen.
3. Es ist wichtig für Kinder, dass sie Erfahrungen in der näheren Umgebung sammeln.
4. Es ist deshalb unbedingt nötig, dass die Autofahrer Schrittgeschwindigkeit einhalten.
5. Von der Polizei ist es ausdrücklich erlaubt, dass Kinder die Straße in ihrer ganzen Breite benützen.
6. Es muss unbedingt vermieden werden, dass sie durch Autos gefährdet oder behindert werden.

3 Adverbialsätze

Definition

1.

1. Bevor die Schokoküsse entstehen können, …
2. …, damit er sich mit der übrigen Masse leicht verbindet.
3. …, weil sich so die Zutaten besser miteinander vermischen.
4. Nachdem sie abgekühlt sind, …

Temporalsätze

1.

1. Nachdem man aus ihr für jeweils einen Tischtennisball zwei runde Scheiben herausgestanzt hat
2. Nachdem man sie nochmals in Wasser eingeweicht hat
3. Während sie in einer großen Trommel poliert werden
4. Ehe die Tischtennisbälle die Fabrik verlassen

2.

Einst lud der Fuchs den Kranich zum Mahl. Nachdem dieser sich zu Tisch gesetzt hatte, gab ihm der Fuchs eine flache Schüssel mit einem öligen Brei. Aber der Brei lief dem Kranich immer wieder aus dem spitzen Schnabel, bevor er ihn hinunterschlucken konnte. Während sich der Kranich vergebens abmühte, verlachte ihn der Fuchs. Aber der Kranich sann auf Rache. Nachdem er den bösen Schlaumeier zu sich eingeladen hatte, stellte er eine hohe Flasche mit einem engen Hals auf den Tisch. Noch bevor der Fuchs den Trick durchschaute, holte der Kranich sich mit seinem langen Schnabel die köstlichsten Speisen. Vergnügt ließ er es sich schmecken, während der Fuchs hungrig danebensaß.

I Nebensätze

3.

1. <u>Bevor/ehe</u> im Zweiten Weltkrieg ein Luftangriff große Teile Berlins zerstörte, hatte eine Ente durch schrilles Geschnatter die Anwohner gewarnt. <u>Nachdem</u> der Vogel im Bombenhagel umgekommen war, setzten die Überlebenden dem Vogel ein Denkmal.

2. Seit Jahrzehnten nisteten Tauben auf dem Wiener Justizpalast. <u>Nachdem</u> sie eines Tages ihre gewohnte Behausung verlassen hatten/verließen, brannte dann das Justizgebäude ab.

3. <u>Ehe/bevor</u> in den Alpen im Februar 1939 eine riesige Lawine zu Tal ging, hatten sich die Bernhardinerhunde geweigert, den morgendlichen Rundgang anzutreten.

4.

<u>Ehe</u> die Königin den Saal betritt, stelle ich mich gerade hin. <u>Wenn</u> sie dann hereingekommen ist, stelle ich mir die Bewegungen ganz genau vor. <u>Während</u> sie vor mir steht, beginne ich mit dem Hofknicks. <u>Während</u> ich mit dem rechten Fuß einen kleinen Halbkreis nach hinten ausführe, beuge ich das linke Bein und neige meinen Kopf. <u>Nachdem</u> mir dies ohne große Schwierigkeiten gelungen ist, verharre ich in dieser Stellung, <u>bis</u> die Königliche Hoheit ein Wort an mich richtet. Sie lächelt mir aber nur zu. <u>Während</u> sie zu meiner Nachbarin weitergeht, erhebe ich mich langsam. <u>Nachdem</u> alles vorbei ist, frage ich mich: War das alles? <u>Seitdem</u> ich dies weiß, mache ich nur noch vor meiner Katze einen Hofknicks.

5.

1. <u>Bevor</u> das Fruchteis zubereitet wird, soll der Fruchtsaft mindestens 3 Stunden im Tiefkühlfach gefroren werden.

2. Das Eis aus Fruchtsaft muss, <u>während</u> es gefriert, öfters umgerührt werden.

3. <u>Nachdem</u> das Einfrieren beendet ist, wird das Eis mit einem Messer grob zerschlagen.

4. <u>Während</u> es zerkleinert wird, lässt man das Eis leicht antauen.

5. <u>Während</u> das Eis serviert wird, darf es nicht zerlaufen.

Nebensätze **I**

Kausalsätze

1.

1. Langeweile: <u>Weil</u> sich die Bachstelzenbabys langweilten,

2. Kein Dreck: <u>da</u> die Bachstelze nicht will, dass die Schwanzfedern im Dreck schleifen.

3. Moskitos: <u>weil</u> sie Moskitos vertreiben will.

4. Schwimmen: <u>weil</u> das ihr Schwimmstil ist.

2.

1. Herr Lehrer, ich bin leider spät gekommen, <u>weil</u> ich den Schulbus nicht mehr rechtzeitig erreicht habe.

2. Ich habe den Schulbus nicht mehr rechtzeitig erreicht, <u>weil</u> ich nur auf dem linken Bein hüpfen konnte.

3. Ich konnte nur auf dem linken Bein hüpfen, <u>weil</u> ich meinen rechten Schuh nicht gefunden habe.

4. Ich habe meinen rechten Schuh nicht gefunden, <u>weil</u> meine Katze ihn versteckt hat.

5. Meine Katze hat ihn versteckt, <u>weil</u> sie sich sehr geärgert hat.

6. Sie hat sich sehr geärgert, <u>weil</u> ich ihr ihre Lieblings-Gummiente weggenommen habe.

3.

1. Meine Haare sind rot, <u>weil</u> mein kleiner Bruder das erste Mal Pommes mit Ketschup gegessen hat.

2. <u>Weil</u> mein Schulranzen gelb ist, werfen manche Leute Briefe hinein.

3. Meine Goldfische sind Blaufische, <u>weil</u> mein Füller ins Aquarium gefallen ist.

4. <u>Weil</u> meine Haare grün sind, habe ich den Spitznamen Waldmeister bekommen.

5. Mein Gesicht ist weiß, <u>weil</u> ich die Tüte mit Mehl an der falschen Seite aufgemacht habe.

6. Meine schönen braunen Schuhe sind seit dem 1. April schwarz, <u>weil</u> mein großer Bruder die Schuhcreme ausgetauscht hat.

4.

P. B. erhält die Note 1, <u>weil</u> er auch in gefährlichen Situationen Übersicht und Führungsqualität bewies.

R. A. erhält die Note 2, <u>weil</u> er sich vor seinem Tor entschlossen ins Getümmel warf.

Der Mittelfeldspieler erhält die Note 3, <u>weil</u> er einer der lauffreudigsten Spieler war.

Bomber W. erhält die Note 4, <u>weil</u> er fast nichts zuwege brachte.

Der Ex-Nürnberger erhält die Note 5, <u>weil</u> er wie gewohnt rackerte, aber dem Spiel
keine Wendung mehr geben konnte.

Der Vorstopper erhält die Note 6, <u>weil</u> er „hilfreiche" Vorarbeit für das spielentscheidende Gegentor leistete.

5.

7. Ich habe meiner Katze ihre Lieblings-Gummiente weggenommen, <u>weil</u> ich sie
   selbst gebraucht habe.
8. Ich habe sie mit unter die Dusche genommen, <u>weil</u> ich mich allein gefürchtet
   habe.
9. Ich habe schreckliche Angst, <u>weil</u> seit gestern ein grasgrüner Frosch darin sitzt.
10. Aber ich bin ja selber schuld, <u>weil</u> ich das Märchen vom Froschkönig gelesen
    habe.

6.

Ich bin der Richtige für Sie,

<u>weil</u> ich schon immer eine Leuchte war,

<u>weil</u> ich der Beste in meiner Nachbarschaft bin,

<u>weil</u> ich erfinderisch bin,

<u>weil</u> ich etwas mit Technik zu tun haben will,

<u>weil</u> ich auch nachts hellwach bin,

<u>weil</u> ich schnell gutes Geld verdienen will!

7.

Im Allgäu ist es so schön,

1. <u>weil</u> die Blumen mit dem Regenbogen um die Wette blühen,
2. <u>weil</u> die Sonne Mensch und Tier wärmt,
3. <u>weil</u> die Natur auf stillen Wegen und Pfaden zu hören ist,
4. <u>weil</u> die Vögel aus voller Kehle zwitschern,
5. <u>weil</u> die Bienen von Blütenkelch zu Blütenkelch summen,
6. <u>weil</u> die Wanderschuhe warten.

Nebensätze **I**

Finalsätze

1.

1. Die Natur hat die Tiere mit besonderen Werkzeugen ausgestattet, <u>damit sie sich gut an ihre Umwelt anpassen und dadurch leichter überleben.</u>
2. Die Schlange spritzt Gift in das Opfer, <u>um es sofort zu lähmen.</u>
3. Das Gift dient auch dazu, <u>dass die Tiere keine unnötigen Schmerzen erleiden müssen.</u>
4. Der Rüssel ist gut dafür geeignet, <u>dass der süße Saft aus den Blüten herausgeschlürft werden kann.</u>

2.

1. Ich fahre ans Meer, <u>damit</u> sich meine Badewanne auch erholt.
2. Du steigst auf hohe Berge, <u>damit</u> die Leute so klein wie Zwerge werden.
3. Wir fahren ins Riesengebirge, <u>damit</u> Rumpelstilzchen endlich wieder einmal Besuch bekommt.
4. Ihr fahrt nach Amerika, <u>damit</u> die Freiheitsstatue befreit wird.
5. Einige fahren gar nicht in den Urlaub, <u>damit</u> die Zöllner einmal Ferien machen können.

3.

Der Specht braucht einen langen, spitzen Schnabel, <u>um</u> in den Ritzen der Bäume nach Nahrung zu suchen.

Die Schlange braucht Giftzähne, <u>um</u> die Beute schnell zu lähmen.

Der Spatz braucht einen kurzen, stumpfen Schnabel, <u>um</u> leicht Körner vom Boden aufzupicken.

Der Schmetterling braucht einen schlauchartigen Rüssel, <u>um</u> aus Blüten Saft herauszuschlürfen.

Die Schnecke braucht Reibezähnchen, <u>um</u> wie mit einer Feile kleine Teilchen von den Blättern zu schaben.

Der Löwe braucht ein Gebiss mit Fangzähnen, <u>um</u> die zappelnde Beute festzuhalten.

4.

Die Wildpferde laufen in Herden von zwei- bis dreihundert Stück umher. Die Indianer fangen diese Tiere ein, <u>damit sie mit ihrer Hilfe Zelte und Hausrat transportieren.</u> Der tapferste Indianer wirft eine Seilschlinge um das stärkste Pferd, <u>damit er so die anderen Tiere gefügig macht.</u> Die eingefangenen Pferde werden dann angebunden, <u>damit sie nicht weglaufen können.</u> Nun legen die Indianer den Pferden mehrere Tage

126

lang schwere Lasten auf, <u>damit sie diese endgültig zähmen.</u> Jedes einzelne Pferd wird so behandelt, <u>damit es später die schweren Lasten leichter erträgt.</u>

5.

1. Die Fregattvögel fliegen sehr schnell, <u>um</u> nicht die Beute von Raubvögeln <u>zu</u> werden.
2. Sie wagen sich weit aufs Meer hinaus, <u>um</u> dort reiche Beute <u>zu</u> machen.
3. Damit ihre Kinder vor Feinden geschützt werden, bauen sie die Nester auf Bäumen im Wasser.
4. Manchmal wenden sie einen gemeinen Trick an, <u>um</u> doch noch ihre Jungen füttern <u>zu</u> können.
5. Sie fliegen zu den Nestern anderer Vögel und schlagen mit ihren Flügeln auf sie ein, damit diese aus Angst davonfliegen.
6. Die aufgeschreckten Vögel speien all ihre Nahrung aus, <u>um</u> schneller flüchten <u>zu</u> können.
7. Die schlauen Fregattvögel fliegen nun geschwind herbei, <u>um</u> das Ausgespiene <u>zu</u> erwischen.

6.

1. Rufe nicht aus Jux um Hilfe, <u>damit</u> dir die anderen im Ernstfall sofort helfen!
2. Bade niemals mit vollem oder leerem Magen, <u>weil</u> du sonst möglicherweise die Besinnung verlierst!
3. Kühle dich vor dem Sprung ins Wasser ab, <u>damit</u> dein Kreislauf nicht in Unordnung gerät!
4. Verlasse beim ersten Frösteln das Wasser, <u>damit</u> du dich nicht erkältest!
5. Springe nicht in unbekanntes Gewässer, <u>weil</u> es oft unangenehme Überraschungen birgt!

7.

1. Ich fahre nach Tirol,
    a) <u>damit</u> ich meine Jodelkünste verbessere.
    b) <u>weil</u> ich Speckknödel liebe.
2. Ich schwimme nach Grönland,
    a) <u>weil</u> meine Schwimmflossen von dort herkommen.
    b) <u>damit</u> ich endlich meine Freunde, die Pinguine, wiedersehe.
3. Ich klettere mit einem Kühlschrank auf den Mount Everest,
    a) <u>damit</u> ich berühmt werde und ins Buch der Rekorde komme.
    b) <u>weil</u> das noch niemand gemacht hat.
4. Ich reite auf einem Seepferdchen,
    a) <u>weil</u> mir die Reitstunden auf dem Land zu teuer geworden sind.
    b) <u>damit</u> ich auf diese Weise schwimmen lerne.

Nebensätze I

Konsekutivsätze

1.

1. Die Larven fressen viel, sodass sie schnell wachsen.
2. Die Puppen haben genügend Nahrungsvorrat, sodass sie leicht überwintern können.
3. Der Schmetterling ist eines Tages so stark, dass er ausschlüpfen kann und davonflattert.
4. In den Tropen ist die Luft manchmal so „dick", dass ein Schmetterling mit seinen dünnen Flügeln ein Gewitter auslöst.

2.

1. Der Herr Buntspecht trommelt 40-mal in der Sekunde auf einen Ast, sodass ihn alle Spechtfrauen im Umkreis von 2 km hören.
2. Die Röhrenspinne gräbt eine Röhre mit Deckel, ohne dass die Beute die gut getarnte Falle bemerkt.
3. Die Lassospinne hält ein Netz zwischen den Vorderbeinen, sodass sie ihr Opfer sofort fangen kann.
4. Die Amsel macht mit ihren Beinen das Geräusch von Regentropfen nach, ohne dass der Regenwurm den Trick durchschaut.
5. Der Lampionfisch hat einen Leuchtpunkt auf seinem Kopf, sodass die anderen Fische angelockt und dann gefressen werden.

3.

Ich bin so schwach, dass ich ohne Pausenbrot nicht das Schulheft aufschlagen kann.

Du bist so stark, dass du ein Telefonbuch mit zwei Fingern zerreißen kannst.

Mancher ist so langsam, dass er von einer Schildkröte überholt wird.

Wir sind so schnell, dass wir beim Zu-spät-Kommen vom Direktor nicht gesehen werden.

Ihr seid so schwer, dass ihr einen Ozeandampfer zum Sinken bringt.

Einige sind so leicht, dass sie von einem Lufthauch umgestoßen werden.

4.

1. <u>Weil</u> selbst gemachte Nudeln die gekauften im Geschmack weit übertreffen, sollten Sie es einmal versuchen.
2. Die 4 Eier, das Salz und das Öl werden mit 5 EL Mehl verrührt, <u>sodass</u> ein dünner, etwas zäher Teig entsteht.
3. Diesen Teig zum restlichen Mehl geben und beides sehr gut vermengen, <u>damit</u> sich keine Klumpen bilden.
4. Den Teig so kräftig kneten, <u>dass</u> er glatt wird und glänzt.
5. Dann wickeln Sie den Teig für 30 Minuten in ein feuchtes Tuch, <u>damit</u> er nicht austrocknet.
6. <u>Wenn</u> der Teig zu trocken ist, können Sie ihm ein paar Tropfen Wasser oder Öl beigeben.

5.

1. <u>Weil</u> die Pflanze an einem falschen Platz steht, fault der Stiel. (<u>Kausalsatz</u>)
2. Die Pflanze bekommt zu wenig Nahrung, <u>sodass</u> die Blätter sich gelb verfärben. (<u>Konsekutivsatz</u>)
3. Die Pflanze bekommt zu viel Nahrung, <u>sodass</u> sie anfällig für Läuse wird. (<u>Konsekutivsatz</u>)
4. <u>Weil</u> die Pflanze zu wenig Wasser erhält, fallen die Knospen und Blüten ab. (<u>Kausalsatz</u>)
5. Die Pflanze bekommt zu viel Wasser, <u>sodass</u> die Wurzeln zu verfaulen beginnen. (<u>Konsekutivsatz</u>)
6. <u>Weil</u> die Pflanze an einem zu kalten Platz steht, werden die Blätter braun und fallen schließlich ab. (<u>Kausalsatz</u>)

Nebensätze I

Konditionalsätze

1.

1. Wenn du mit deinen Freunden sprechen wolltest; 2. Wenn du ein Frosch wärst;

3. Falls du einmal Tierforscher wirst

2.

1. <u>Wenn</u> du Pilot werden willst, musst du das Abitur haben.

2. <u>Wenn</u> du Fensterputzer werden willst, musst du schwindelfrei sein.

3. <u>Wenn</u> du Kaffeetester werden willst, musst du eine empfindsame Nase haben.

4. <u>Wenn</u> du Fernsehunterhalter werden willst, musst du kontaktfreudig sein.

5. <u>Wenn</u> du Popsänger werden willst, musst du musikalisch begabt sein.

6. <u>Wenn</u> du Modeschöpfer werden willst, musst du an Farben und Formen interessiert sein.

3.

Seltsam ist es,

wenn der Pfifferling keinen Ton herausbringt,

wenn das Vergissmeinnicht seinen Namen nicht weiß,

wenn der Löwenzahn sich vor einer Maus fürchtet,

wenn die Taubnessel gerne Konzerte hört,

wenn die Totentrompete den Geburtstagsmarsch bläst,

wenn das Gänseblümchen von einer Ente gefressen wird.

4.

1. Eine tolle Schokoladencreme gibt es, <u>wenn</u> man eine Tafel Schokolade mit Sahne schmilzt.

2. Frische Gewürze halten ihr Aroma länger, <u>wenn</u> man sie in Olivenöl einlegt.

3. Maulwürfe vertreibt man, <u>wenn</u> man Knoblauch in einen Gang legt.

4. Flüstern wirkt Wunder, <u>wenn</u> ein Kind zornig ist.

5. Weiche Fensterleder erhält man, <u>wenn</u> sie nach Gebrauch mit lauwarmem Salzwasser ausgespült werden.

5.

1. <u>Wenn</u> ein Apfelkern im Herdfeuer mit einem lauten Knall verbrennt, erfüllt sich der geheimste Wunsch.

2. Das rechte Ohr juckt, <u>wenn</u> von einem gut gesprochen wird.

| Nebensätze

3. Man sieht alle Geheimnisse auf der Welt, <u>wenn</u> ein Spiegel acht Tage lang in ein Grab gelegt wird.
4. Man hat Glück, <u>wenn</u> man ein vierblättriges Kleeblatt findet.
5. Auf dem Hof passiert kein Unglück, <u>wenn</u> der Knecht einen getrockneten Maulwurffuß in der Tasche trägt.

6.

1. <u>Wenn</u> du die Schwester meines Vaters bist, bin ich dein Neffe oder deine Nichte.
2. <u>Wenn</u> ich der Sohn deines Vaters bin, bist du mein Bruder oder meine Schwester.
3. <u>Wenn</u> du die Tochter des Bruders meines Vaters bist, bin ich deine Cousine oder dein Cousin.
4. <u>Wenn</u> ich die Mutter deines Vaters bin, bist du mein Enkel oder meine Enkelin.

7.

<u>Wenn</u> ich längere Beine hätte, würde ich auf 100 m Weltrekord laufen.
<u>Wenn</u> ich einen großen Bruder hätte, wärst du viel freundlicher zu mir.
<u>Wenn</u> ich ein Jahr Ferien hätte, würde ich mit meinem Wellensittich um die Welt segeln.
<u>Wenn</u> ich älter wäre, dürfte ich bis Mitternacht aufbleiben.
<u>Wenn</u> ich mehr Taschengeld bekommen würde, könnte ich mir zwei Eisbomben auf einmal kaufen.

8.

1. <u>Wenn</u> das Wasser den Berg hinauffließen würde, könnte ich mit dem Paddelboot auf die Zugspitze fahren.
2. <u>Wenn</u> es noch Dinosaurier gäbe, würden sie alle Aufzüge verstopfen.
3. <u>Wenn</u> ich im Schlaf lernen würde, würde ich in die Schule mein Bett mitbringen.
4. <u>Wenn</u> du eine Tarnkappe hättest, würdest du im Notenbuch deines Mathematiklehrers die schlechteste Note ausstreichen.

9.

1. Wenn Pkw-Fahrer bis 30 km/h schneller als erlaubt fahren, müssen sie mit einer Geldbuße von 120 € rechnen.
2. Überschreiten sie die vorgeschriebene Geschwindigkeit um mehr als 30 km/h, müssen 450 € bezahlt werden.
3. Wenn Lastkraftwagen innerhalb geschlossener Ortschaften 20 Stundenkilometer zu schnell fahren, droht eine Geldstrafe von 100 €.
4. Wenn ein Autofahrer beim Abbiegen Fußgänger gefährdet, kostet es ab sofort ebenfalls Geld.
5. Ist die Parkzeit um eine Stunde überschritten, ist eine Geldbuße von 5 € fällig.

Nebensätze **I**

Konzessivsätze

1.

1. Der Goldregenpfeifer fliegt von Alaska nach Hawaii, <u>obwohl er nur vier Gramm wiegt.</u>
2. Gänse überfliegen gefahrlos den Himalaya, <u>obgleich Bergsteiger am Himalaya kaum ohne Sauerstoffgerät auskommen.</u>
3. Manche Vögel bleiben fast zwei Tage ununterbrochen in der Luft, <u>obwohl Vögel normalerweise ständig Nahrung brauchen.</u>

2.

Er ist Gärtner, obwohl er das Gras nicht wachsen hört.

Er ist Dachdeckermeister, obwohl er einen kleinen Dachschaden hat.

Er ist Goldschmied, obwohl er seine Worte nicht auf die Goldwaage legt.

Er ist Bäcker, obwohl er sich oft die Butter vom Brot nehmen lässt.

Er ist Koch, obwohl er immer erst spät den Braten riecht.

Er ist Fotograf, obwohl er manchmal nicht im Bilde ist.

Er ist Optiker, obwohl er bei seinen Kindern oft ein Auge zudrückt.

3.

1. <u>Obwohl</u> andere noch essen, stehe ich vom Tisch auf.
2. <u>Obwohl</u> ich gähne, halte ich mir nicht die Hand vor den Mund.
3. <u>Obwohl</u> ein älterer Mensch einen Sitzplatz braucht, biete ich ihm nicht meinen an.
4. <u>Obwohl</u> ein anderer spricht, rede ich ihm dazwischen.
5. <u>Obwohl</u> mir jemand hilft, bedanke ich mich nicht bei ihm.
6. <u>Obwohl</u> mich jemand freundlich grüßt, grüße ich nicht zurück.

4.

1. <u>Obwohl</u> Morgenstund <u>kein Blei</u> im Mund hat, komme ich morgens nur mit Mühe aus dem Bett.
2. <u>Obwohl</u> aller Anfang <u>schwer</u> ist, fange ich beim Lesen mit der ersten Seite an.
3. <u>Obwohl</u> Arbeit das Leben <u>süß</u> macht, lutsche ich gerne saure Bonbons.
4. <u>Obwohl</u> man durch Schaden <u>klug</u> wird, passe ich ganz besonders auf mein neues Fahrrad auf.
5. <u>Obwohl</u> Scherben <u>Glück</u> bringen, werfe ich die Kristallvase nicht aus dem Fenster.
6. <u>Obwohl</u> in einer rauen Schale oft ein <u>weicher</u> Kern steckt, esse ich keine Nüsse.

132

I Nebensätze

5.

Mister X ist unschuldig,

1. obwohl ihm die Tatwaffe gehört. (Konzessivsatz)
2. obwohl ihn zwei Zeugen genau beschrieben haben. (Konzessivsatz)
3. obwohl man seine rote Wollmütze am Tatort gefunden hat. (Konzessivsatz)
4. obwohl man an seinen Schuhen verdächtige Spuren fand. (Konzessivsatz)
5. weil er sich zur Tatzeit im Fernsehen einen Krimi angesehen hat. (Kausalsatz)
6. obwohl der Inspektor ihn nicht leiden konnte. (Konzessivsatz)

6.

Ich kaufe mir ein Schloss in Oberbayern,

1. weil ich schon immer das Gefühl hatte, ein verwunschener Prinz zu sein. (Grund)
2. damit ich dann von meinen Freunden mit „Exzellenter Prinzengraf" angesprochen werde. (Absicht)
3. obwohl ich es mir von meinem Gehalt als Postbote eigentlich gar nicht leisten kann. (Einschränkung)
4. sodass ich bald unter meiner alten Adresse nicht mehr erreichbar bin. (Folge)
5. falls ich in der nächsten Woche im Lotto gewinne. (Bedingung)

7.

1. Obwohl es mir im Sommer dort manchmal zu heiß ist, fahre ich nach Italien, weil das Meer immer warm ist.
2. Obwohl die Anfahrt recht weit ist, fahre ich nach England, weil ich dort meine Schwester besuchen kann.
3. Obwohl ich noch nicht gut Französisch sprechen kann, fahre ich nach Frankreich, weil ich meine Französischkenntnisse verbessern will.
4. Obwohl ich leicht friere, fahre ich in die Antarktis, weil ich letztes Jahr zwei Pinguine kennen gelernt habe.
5. Obwohl meine Freunde in Australien mich eingeladen haben, bleibe ich zu Hause, weil ich so leicht Heimweh bekomme.

Nebensätze I

Modalsätze

1.

1. Die Lassospinne lauert auf ihre Beute, <u>indem</u> sie ein tragbares Netz zwischen ihren Beinen hält.
2. Die Lassospinne fängt ihre Beute, <u>indem</u> sie das Netz über ihr Opfer stülpt.
3. Die Röhrenspinne fängt ihre Beute <u>dadurch, dass</u> sie den Deckel der Falle öffnet.

2.

1. –c) Bei uns finden Sie Mode aus Paris, wie Sie sie in deutschen Boutiquen selten finden.
2. –b) Unsere Reibekuchen schmecken, als ob Ihre Großmutter sie mit der Hand gerieben hätte.
3. –e) Mit einer Anzeige bei uns haben Sie schneller Erfolg, als Sie es bei anderen Zeitungen erleben werden.
4. –f) Je eher Sie das Wunschpaket bestellen, desto eher können Sie eine Überraschung erleben.
5. –a) Durch unsere Traumflüge kommen Sie günstiger in den Urlaub, als Sie es sich träumen lassen.
6. –d) Alle unsere Reste verkaufen wir so preiswert, wie es sich selbst eine sparsame Hausfrau nicht vorstellt.

3.

Ich schütze mich vor Fahrraddieben,

1. indem ich ein solides Schloss verwende,
2. indem ich den Rahmen des Fahrrads an einem festen Gegenstand ankette,
3. indem ich das Fahrrad an einem gut sichtbaren Platz abstelle,
4. indem ich kein Werkzeug am Rad zurücklasse,
5. indem ich einen Fahrradpass ausfülle oder ein Foto anfertige,
6. indem ich eine Nummer ins Tretlagergehäuse einschlagen lasse.

4.

Als vornehmer Mann isst man,

1. <u>indem</u> man die Speisen mit drei Fingern fasst,
2. <u>ohne dass</u> man beim Essen das Messer in den Mund schiebt,
3. <u>indem</u> man sein eigenes Trinkgeschirr benützt,
4. <u>ohne dass</u> man die Knochen bis zur Stubentür wirft,

134

5. <u>indem</u> man sein Messer vor dem Essen säubert,

6. <u>ohne dass</u> man das Tischtuch mit Soßen oder Fett beschmiert,

7. <u>ohne dass</u> man wie ein Schwein schmatzt,

8. <u>ohne dass</u> man die Knochen wie ein Hund benagt.

5.

1. Ich habe die Dame des Hauses begrüßt, <u>ohne</u> die Hand aus der Hosentasche <u>zu</u> nehmen.

2. Dann habe ich die Blumen überreicht, <u>ohne</u> das Papier <u>zu</u> entfernen.

3. Ich habe mit dem Essen begonnen, <u>ohne</u> auf die anderen <u>zu</u> warten.

4. Ich habe aus einem Glas getrunken, <u>ohne</u> mir vorher den Mund ab<u>zu</u>wischen.

5. Ich habe mir den letzten Apfel genommen, <u>ohne</u> die anderen <u>zu</u> fragen.

6. Schließlich bin ich nach Hause gegangen, <u>ohne</u> mich bei der Gastgeberin <u>zu</u> bedanken.

6.

Die Leisten aus Balsaholz werden gekreuzt, wobei (<u>B</u>) diese nicht zu dick sein dürfen. Kennzeichne die Kreuzpunkte, indem (<u>M</u>) du dir mit Bleistift dünne Striche machst. Die Einschnitte gehen jeweils halb so tief, wie (<u>V</u>) die Leisten dick sind. Beim weichen Balsaholz lässt sich das leicht herausheben, wobei (<u>B</u>) eine feine Säge sehr nützlich ist. Die beiden Teile werden dann zusammengeklebt, ohne dass (<u>B</u>) du dabei Gewalt anwendest. Anschließend müssen die Flügel in Form geschliffen werden, indem (<u>M</u>) du mit einem feinen Schleifpapier über die Flächen streichst. Schließlich wird alles geglättet, wie (<u>V</u>) du es vom Flugmodellbau her gewohnt bist.

7.

1. <u>Weil</u> im Laufe der Woche die Bewölkung abnimmt, wird es wärmer.

2. Über West- und Mitteleuropa gibt es zwei große Wolkenbänder, <u>während</u> in Osteuropa mit Aufheiterung gerechnet werden kann.

3. <u>Weil</u> sich ein Hoch von Westen nach Mitteleuropa ausdehnt, wird morgen das gute Wetter auch auf Deutschland übergreifen.

4. In Alpennähe kommt es noch zu gelegentlichen Schauern oder Gewittern, <u>während</u> im Norden Deutschlands mit einer zunehmenden Aufheiterung zu rechnen ist.

5. <u>Während</u> am Tage die Temperaturen bis auf 25 Grad ansteigen werden, sinken in der Nacht die Temperaturen in Bodennähe auf 10 Grad.

Nebensätze **I**

8.

1. Elefanten unterhalten sich miteinander, <u>indem</u> sie ganz tief und anhaltend grollen.
2. Kaninchen unterhalten sich miteinander, <u>indem</u> sie mit den Hinterläufen heftig trommeln.
3. Spinnen unterhalten sich miteinander, <u>indem</u> sie ständig ihr Netz hin und her bewegen.
4. Frösche unterhalten sich miteinander, <u>indem</u> sie bewusst die Hinterbeine abspreizen.

9.

Wissenschaftler erforschen die Tiersprache

1. <u>durch</u> die Verwendung modernster Mikrofone,
2. <u>durch</u> das Abspielen von Tonbandaufnahmen,
3. <u>durch</u> das langzeitige Beobachten der Tiere,
4. <u>durch</u> den Einsatz von Computern.

Test: Adverbialsätze

Test 1

1. Soße: <u>Damit</u> Soße keine Klumpen bekommt, solltest du sie mit dem Schneebesen kräftig durchschlagen. Gute Ergebnisse erhältst du, <u>wenn</u> die zugegebene Flüssigkeit kalt ist.
2. Mehlschwitze: Butter wird mit Mehl so lange erhitzt, <u>bis</u> sich keine Blasen mehr bilden. Für eine braune Mehlschwitze wird das Mehl geröstet, <u>sodass</u> es eine braune Farbe annimmt.
3. Steak: Hohe Anfangstemperaturen schließen die Poren, <u>sodass</u> der Saft nicht austreten kann. <u>Wenn</u> man daraufdrückt, soll es sich wie ein Gummiball anfühlen.

Test 2

1. – e) <u>Weil</u> meine Goldfische im Aquarium immer frieren, habe ich ihnen Schwimmflossen aus Baumwolle gestrickt.
2. – f) <u>Nachdem</u> mein Goldhamster ein Fernsehgerät gewonnen hat, sitzt er den ganzen Tag vor der Glotze.
3. – d) <u>Obwohl</u> mein Kanarienvogel nicht singen kann, gehe ich mit ihm oft in die Oper.
4. – c) <u>Seitdem</u> meine Perserkatze einen Pelzmantel hat, gibt es noch mehr Haare in der Wohnung.

| Nebensätze

5.–b) <u>Wenn</u> mein Bernhardiner Sehnsucht nach den Bergen bekommt, jodle ich dreimal am Tag.

6.–a) <u>Damit</u> meine Meerschweinchen das Radfahren lernen, habe ich ihnen zwei Klingeln gekauft.

Test 3

Sugar, ein cremefarbener Kater, gehörte einer Familie Woods in Kalifornien. Weil es aber weiter im Norden bessere Verdienstmöglichkeiten gab (<u>kaus</u>), beschloss die Familie umzuziehen. Als die Familie gerade losfuhr (<u>temp</u>), sprang Sugar, weil er schreckliche Angst vor dem Auto hatte (<u>kaus</u>), aus dem Wagenfenster. Die Woods mussten abreisen, ohne dass es Hoffnung auf ein Wiedersehen gab (<u>mod</u>). 14 Monate später, als Frau Woods gerade die Kühe molk (<u>temp</u>), sprang ihr eine Katze durchs offene Stallfenster auf die Schulter. Es war Sugar! Da er eine besondere Färbung hatte (<u>kaus</u>), konnte er eindeutig erkannt werden.

Test 4

Betrachtet man Katzen näher (<u>kon</u>), kann man viele Ausdrucksmöglichkeiten feststellen. Katzen sind einfühlsame Wesen, können aber, wenn's sein muss (<u>kon</u>), eine ganze Familie beherrschen.

Bei der Begrüßung streicht die Katze um deine Beine, um Gerüche mit dir auszutauschen (<u>fin</u>). Sie reibt ihre Duftdrüsen an dir, weil sie dich als ihren Besitz kennzeichnen will (<u>kaus</u>). Wenn ein besonderes Vertrauen zwischen deiner Katze und dir besteht (<u>kon</u>), rollt sie sich auf den Rücken. In dieser Lage will sie nicht gekrault werden, obwohl es so aussieht (<u>konz</u>). Beobachtet man den Schwanz der Katze (<u>kon</u>), kann man ihren Gemütszustand gut beurteilen. Bei größeren Katzen zittert der Schwanz, wenn sie aufgeregt sind (<u>kon</u>). Einen Buckel machen sie, damit sie in den Augen ihres Feindes größer erscheinen (<u>fin</u>).

Test 5

1. Der Adler fliegt, <u>wenn der Tod herannaht,</u> so hoch, dass er sich seine Federn verbrennt.

2. Das Chamäleon wird oft, <u>weil es eine grüne Körperfarbe hat,</u> von Elefanten zusammen mit den Zweigen gefressen.

3. Der Storch bekämpft seine Übelkeit, <u>indem er Salzwasser trinkt.</u>

4. Das Krokodil beweint seine Opfer, <u>nachdem es sie „verzehrt" hat,</u> mit vielen Tränen.

5. <u>Wenn Schmerzen länger andauern,</u> heilt sich das Wildschwein dadurch, dass es frischen Efeu frisst.

6. Die Smaragdeidechse bewacht den Schlaf des Menschen und weckt ihn auf, <u>wenn Gefahr droht,</u> damit ihm nichts passiert.

137

4 Attributsätze

1.

1. Zeichnungen: klein; mit denen sich die Menschen damals verständigten; jahreszeitlich geordnet
2. Zeichen: in Holz- oder Knochenstäbe eingeritzt
3. Schnitzereien: die für die jeweilige Jahreszeit wichtige Tiere bezeichneten
4. Schlange: die sich um den ganzen Stab windet und aus verschieden großen Punkten besteht
5. Ergebnis: dass Punkte und Linien in einer bestimmten Reihenfolge angeordnet waren

2.

1. Die Reise in die Tiefen des Meeres, das man bis heute kaum erforscht hat, ist genauso aufregend wie eine Landung auf dem Mond.
2. In großen Tauchkugeln, in denen mehrere Leute Platz haben, wird man in die Finsternis hinabgelassen.
3. Durch Guckfenster, die durch armdickes Glas geschützt sind, kann das verborgene Leben beobachtet werden.
4. Der Tiefseefühlerfisch, der nie das Tageslicht sehen wird, tastet vorsichtig den dunklen Meeresboden nach Nahrung ab.
5. Manche Wassertiere, bei denen man nicht genau weiß, ob sie Fische sind, stehen regungslos und senkrecht im Wasser.
6. Die Seefledermaus, die sich am besten mit einem gerupften Huhn vergleichen lässt, bewegt sich mit zwei Beinen und einer Schwanzflosse vorwärts.

3.

1. Liebe Sportsfreunde! In neuer Spielbekleidung, die ganz blau war und vorne rosa Längsstreifen hatte, betrat die gegnerische Mannschaft die Arena.
2. Liebe Versicherung! Bei dem Unfall wurde mein Wagen, der kurz vorher am Hinterteil neu lackiert worden war, von einem Radfahrer stark beschädigt.
3. Liebe Zeitung! In einem witzigen Artikel, über den ich sehr gelacht habe, haben Sie den Bundeskanzler gut getroffen.
4. Lieber Herr Lehrer! Mein Sohn, der mich oft zur Weißglut bringt, konnte Ihren Deutschunterricht nicht besuchen.
5. Lieber Herr Bürgermeister! In meiner Straße, deren Länge ungefähr 2 Kilometer beträgt, gibt es leider immer noch keine Verkehrsampel.

4.

Als junge und einfallsreiche Reiseunternehmer machen wir Ihnen heute ein Angebot, das Sie in anderen Prospekten vergebens suchen. Wandern im Kühlschrank – ein Erlebnis, das andere Erlebnisse verblassen lässt. Unser erfahrener Wanderführer Emil Eisbein, auf den Sie sich blind verlassen können, steht Ihnen jederzeit zur Seite. Er wird Sie auf Dinge hinweisen, an denen Sie sonst vorbeigehen. Er zeigt Ihnen Tricks, die Sie fürs Überleben brauchen. Es sollen ja zwei aufregende Urlaubswochen werden, an die Sie noch lange denken werden. Zunächst öffnen wir vorsichtig die Tür des Kühlschranks, hinter der sich eine überraschende Welt auftut. Wir wenden uns gleich nach links und lassen den Blumenkohl, der sich uns drohend in den Weg stellt, rechts liegen.

5.

Die Runen, die die Germanen selbst Geheimnis nannten, bieten auch uns noch viele Rätsel. Sie wurden meist zufällig an Orten, die in dunklen Wäldern verborgen lagen, gefunden. Diese alten Botschaften, die oft nur aus wenigen Wörtern bestehen und schwer zu erkennen sind, stehen vor allem auf Gegenständen aus Metall oder Stein. Erstaunlich ist, dass die Inschriften, von denen es nur wenige gibt, fast nichts aussagen. Auf einem riesigen Granitblock, den die Forscher in Schweden entdeckt haben, stand lediglich der Name des Steinmetzen. Man hat auch Holzstäbchen oder Steinchen, auf denen je eine Rune eingeritzt war, gefunden. Sie dienten wahrscheinlich den Runenmeistern, die man sich als Zauberer oder Medizinmänner vorstellen muss, dazu, die Zukunft zu deuten.

6.

Das Gerüst, das aus einem leichten Holzrahmen gebaut ist, ist etwa 30 Fuß breit. In der Mitte des Gerüstes, das mit festem Leinen bespannt ist, hat man einen Benzinmotor angebracht, der die Flügelräder antreibt. Weitere Teile sind die Räder, die aus zwei Propellerschrauben mit sechs Flügeln bestehen. Die Schraube, die unmittelbar unter dem Schwerpunkt angebracht ist, erzeugt mit der zweiten Schraube, die am hinteren Teil befestigt ist, die nötige Schubkraft. Von der Mitte des Flugzeugs ragt ein hölzerner Rahmen, der als Steuerruder wirkt, nach vorne. Dieses Steuerruder, das nach beiden Seiten beweglich ist, wird vom Flugzeuglenker bedient. Er muss auch die Sperre lösen, die den Flugapparat festhält. Dann erhebt sich der Apparat, der einem Riesenvogel gleicht, in die Lüfte.

Nebensätze **I**

7.

Das älteste Dorf, <u>das</u> man gefunden hat, liegt im Jordantal. Die Entdeckung, <u>dass</u> es sich bereits um eine richtige Ansiedlung mit Häusern aus Stein handelte, überraschte die Wissenschaftler. Das älteste Haus, <u>das</u> halb in den Boden eingegraben war, war bereits mit Mörtel verputzt. Außerdem hat man Pfeiler aus Holz gefunden, <u>das</u> diese lange Zeit überdauert hat. Die Pfeiler ragten etwas über die Mauer hinaus; der Zweck, <u>dass</u> dadurch Licht einfallen konnte, war klar erkennbar. So hatten sich die Menschen vor langer Zeit ein Heim geschaffen, <u>das</u> sie vor Regen und Sonne schützte. Der zweite Nutzen, <u>dass</u> sie ihre Kinder in Sicherheit aufziehen konnten, war gewiss genauso wichtig. Früh hatten sie auch die Entdeckung gemacht, <u>dass</u> man auf diese Weise außerdem die wilden Tiere abhalten konnte. So entstand wohl das erste Dorf, <u>das</u> in erster Linie zum Schutz vor der Natur errichtet wurde.

Schlusstest: Nebensätze

Test 1

1. Plusquamperfekt: Ich hatte das gelernt, was ich unbedingt musste. (<u>RS</u>)
2. Perfekt: Ich habe gelernt, dass dies nicht genügt. (<u>KS</u>)
3. Präteritum: Ich lernte das, was von mir erwartet wurde. (<u>RS</u>)
4. Präsens: Ich lerne nun, dass nicht alles wichtig ist. (<u>KS</u>)
5. Futur I: Ich werde lernen, was ich brauche. (<u>RS</u>)
6. Futur II: Ich werde auch das gelernt haben, was ich nicht brauche. (<u>RS</u>)

Test 2

Weil es an Schlafmöglichkeiten fehlte, kamen während des Festspiels von Edinburgh (Schottland) junge Schauspieler auf eine witzige Idee. Als ihnen das Schlafen auf der Bühne verboten wurde, erfanden sie <u>ein neues Theaterstück, das sie „Sieben Stunden Schlaf" nannten.</u> Es handelt davon, dass Personen sich auf der Bühne für die Nacht vorbereiten. Und wie es ganz natürlich ist, fallen sie kurz darauf in <u>einen tiefen Schlaf, aus dem sie erst am Morgen erwachen.</u> Zu der Welturaufführung kam <u>ein einziger Zuschauer, den die Schauspieler am nächsten Morgen schlafend vorfanden.</u> Die Überraschung der Schauspieler, <u>dass ihr Stück so großen Erfolg hatte,</u> war groß. <u>Der Zuschauer, der „Sieben Stunden Schlaf" so einschläfernd gefunden hatte,</u> war der Theaterdirektor.

| Nebensätze

Test 3

1. Es kommt recht häufig vor, <u>dass</u> sich jemand über unsere günstigen Preise wundert. (<u>GS</u>)
2. Unsere Möbel sind deshalb sehr günstig, weil das Material, <u>das</u> wir verwenden (<u>AS</u>), aus eigenen Wäldern stammt.
3. Wir garantieren außerdem, <u>dass</u> unsere Möbel aus lange gelagertem Holz hergestellt sind. (<u>GS</u>)
4. Manche meinen auch, <u>dass</u> es bei uns keinen Service gibt. (<u>GS</u>)
5. Das Versprechen, <u>das</u> wir Ihnen geben (<u>AS</u>), halten wir auch.
6. Jedes Möbelstück, <u>das</u> Sie bei uns kaufen (<u>AS</u>), bringen wir bis vor Ihre Haustür.
7. <u>Dass</u> alles bei Ihnen zu Hause von Fachleuten aufgebaut wird (<u>GS</u>), ist dabei selbstverständlich.

Test 4

Subjekt- oder Objektsätze: 3, 5, 6, 10
Adverbialsätze: 2, 7, 8
Attributsätze: 1, 4, 9

Test 5

Bevor wir Menschen die besonderen Fähigkeiten des Wals erkannten (<u>temp</u>), haben wir ihn gründlich „verarbeitet". Erst als er fast ausgerottet war (<u>temp</u>), entdeckten die Forscher seine „menschlichen" Eigenschaften. Obwohl Wale intelligenter sind als Menschenaffen (<u>konz</u>), hat man sie lange Zeit nur als Lieferanten von Fett und Fleisch betrachtet. Weil die Meeressäugetiere ihre geistigen Kräfte ganz anders einsetzen als wir Menschen (<u>kaus</u>), sind sie nun interessant geworden. Das witzigste Beispiel: Wale treffen sich jährlich zu einem Sängerwettstreit, wobei sie einen „Lieblingshit" wählen (<u>mod</u>). Nachdem sie sich auf eine Melodie geeinigt haben (<u>temp</u>), geht sie rund um die ganze Welt.

Test 6

1. Die Zugvögel warten viele Tage auf günstige Wetterbedingungen, <u>weil sie Winde in südlicher Richtung benötigen.</u>
2. Ihr Wettersinn spürt Veränderungen im Luftdruck, <u>sodass sie ihre Flughöhe ständig korrigieren können.</u>
3. Auf ihrem Flug machen sie häufig Zwischenstopps, <u>damit sie ohne großen Kräfteaufwand ans Ziel kommen.</u>
4. Kleine Haarfedern an der Brust geben ihnen Informationen, <u>sodass sie mit dem günstigsten Wind fliegen können.</u>

Nebensätze **I**

Test 7

1. Eisenstiefel und Blechschienen sind angelegt worden. (VZ)

   Nachdem Eisenstiefel und Blechschienen angelegt worden sind, …

2. Der Vorsteckbart, ein Schutz für Kinn und Zähne, wird angebracht. (GZ)

   Während der Vorsteckbart, ein Schutz für Kinn und Zähne, angebracht wird, …

3. Sorgfältig werden die Helfer die Stahlhandschuhe befestigen. (NZ)

   Bevor die Helfer die stählernen Handschuhe befestigen werden, …

4. Man wird dem Ritter das große Schwert reichen. (NZ)

   Bevor man dem Ritter das große Schwert reichen wird, …

5. Die Knappen haben den Ritter fertig eingekleidet. (VZ)

   Nachdem die Knappen den Ritter fertig eingekleidet haben, …

Test 8

1. Wir stehen fest auf dem rechten Bein, wobei das linke Bein leicht angezogen ist, und führen das linke Bein dann nach unten.

2. Nachdem der Fuß eingetaucht ist, drücken wir sofort das linke Bein schnell gegen das rechte Bein.

3. Die Bewegung soll durchgezogen werden, bis die Beine geschlossen sind.

4. Sie soll nur vom linken Spielbein durchgeführt werden, ohne dass das rechte Standbein beteiligt ist.

5. Nachdem das linke Bein weich aus dem Wasser herausgehoben ist, muss alle Kraft aufgewendet werden, damit das Wasser weggedrückt wird.

6. Diese Übung wird 10-mal wiederholt, ohne dass Pausen dazwischen geschoben werden.

Test 9

1. Nach den ersten Erfolgen im hüfttiefen Wasser wird der Anfänger stolz auf seine Tapferkeit sein.

2. Vor dem Sprung ins Wasser sollte jeder tief einatmen.

3. Nach dem Hinabtauchen bis zum Grund stößt man sich kräftig nach oben.

4. Bei einer Wassertiefe von mehr als 2 Metern kann man dem Körper durch kräftige Armbewegungen nachhelfen.

I Nebensätze

Test 10

1. Der Buntspecht trommelt am liebsten auf morsche Äste, <u>weil</u> sie am besten klingen. (<u>Grund</u>)

2. Er hämmert mit seinem Schnabel ungefähr 40-mal in der Sekunde auf das Holz ein, <u>damit</u> alle Spechtweibchen im Umkreis von zwei Kilometern ihn hören. (<u>Absicht</u>)

3. <u>Nachdem</u> das erste Weibchen angekommen ist, feiert er Hochzeit. (<u>Zeit</u>)

4. <u>Während</u> der Grauganter seine erwählte Graugans auf dem Wasser umkreist, streckt er seinen Schnabel nach oben und begrüßt sie lautstark. (<u>Zeit</u>)

5. <u>Wenn</u> sie seinen Ruf erwidert, sind sie beide „verlobt" und bleiben sich das ganze Leben treu. (<u>Bedingung</u>)

6. Der Kleiber ist besonders raffiniert, <u>weil</u> er die Löcher der Nistkästen oder Baumhöhlen zuklebt. (<u>Grund</u>)

7. Er lässt dabei nur ein kleines Einschlupfloch frei, <u>sodass</u> sich größere Vögel woanders einen Platz suchen müssen. (<u>Folge</u>)

8. <u>Nachdem</u> er so für seine „Braut" eine Wohnung besorgt hat, macht er sich auf die Suche nach ihr. (<u>Zeit</u>)

9. Das Blaumeisenmännchen fliegt besonders tief, <u>weil</u> es durch seinen Mut das Weibchen beeindrucken will. (<u>Grund</u>)

10. <u>Wenn</u> das Männchen seiner Angebeteten auch noch eine Raupe als Geschenk bringt, folgt sie ihm zum gemeinsamen Nest. (<u>Bedingung</u>)

1 Definition

1.

Herr Tunichtgut sagte aus, er und seine Familie hätten mit den verschwundenen Gummibärchen nichts zu tun. Sie seien anständige Leute und würden nicht lügen.

Frau Tunichtgut fragte, weshalb ihr Sohn verdächtigt werde und ob die Polizei Beweise habe.

Deren Tochter Susi beteuerte, sie sei unschuldig, sie sei nämlich um 13 Uhr bei ihrer Freundin gewesen. Gummibärchen habe sie in der Wohnung angeblich noch nie gesehen.

Sohn Kalle verlangte lautstark, die Polizei solle seine Schwester fragen und ihn in Ruhe lassen.

Modus

2

1.

Sie behauptet,

es sei zu hell zum Küssen und außerdem <u>störe sie ihre Zahnspange,</u>

es sei zu spät fürs Kino und außerdem <u>kenne sie den Film schon,</u>

es sei zu heiß zum Tanzen und außerdem <u>könne sie den neumodischen Tanz nicht,</u>

es sei zu früh fürs Heimgehen und außerdem <u>sei sie noch nicht müde,</u>

es sei zu kalt zum Schwimmen und außerdem <u>habe sie ihre Badekappe vergessen,</u>

es sei zu dunkel zum Essen und außerdem <u>mache sie gerade eine Diät.</u>

2.

Alte Sagen berichten, auf dem höchsten Punkt der Insel <u>liege</u> die Königsburg. In ihr <u>befinde</u> sich ein Heiligtum, das von einer Mauer umgeben <u>sei</u>. Dorthin <u>brächten/würden … bringen</u> die Menschen jährlich die Früchte der Jahreszeit. Die Außenwände <u>hätten</u> die Einwohner mit Silber <u>überzogen</u>, nur die Zinnen <u>seien</u> aus reinem Gold. Die Wände im Innern <u>bestünden/würden … bestehen</u> aus Bergerz. Das größte Götterstandbild <u>erreiche</u> mit seinem Haupt die Decke. Auch der Altar <u>entspreche</u> in seiner Pracht der Umgebung. An den Außenwänden <u>umständen/würden … umstehen</u> goldene Säulen den Tempel.

3.

„Überall auf der Insel haben die Bewohner von Atlantis den Göttern prächtige Tempel erbaut. Auf der größten Insel ist außerdem eine große Rennbahn errichtet worden. Die Plätze um den Königssitz herum nehmen zahlreiche Wohnhäuser ein, die ebenfalls kostbar ausgestattet sind. Geschäftiges Treiben herrscht im Hafen. Schon von weitem kann man den Lärm und das Geschrei der Seeleute und Händler hören. Ständig kommen von auswärts Handelsschiffe, die kostbare Waren bringen.“

3 Tempus

1.

1. Der Verdächtige sagte aus, er komme als Täter nicht in Frage, weil er als Linkshänder die Waffe gar nicht richtig in die Hand nehmen könne.
2. Er sei unschuldig und habe das Opfer vorher nie gesehen.
3. Er habe am Montag ganz bestimmt nicht am Tatort sein können, weil er zur gleichen Zeit seine Tante im 100 km entfernten Köln besucht habe.
4. Man habe ihn mit Gewalt auf die Wache geschleppt.
5. Er werde sich beim Polizeipräsidenten beschweren.

2.

1. Philipp sagte, er sei sehr stolz auf die Eins in Biologie gewesen. Dafür habe er jeden Tag büffeln müssen.
2. Marie sagte, sie habe sich über die Eins in Sport gefreut. Dafür habe sie nichts tun müssen. Deshalb werde sie Sport studieren.
3. Markus sagte, auf eine Note sei er nie stolz gewesen. Nur in Mathematik habe er sich gefreut. Bei seinem Sohn werde er nachsichtig sein.
4. Lisa sagte, für gute Noten habe sie nichts tun müssen. Sie werde bei ihren Kindern nicht viel Wert auf gute Noten legen.

3.

1. Bernd sagte: „Die Noten sind nie sehr wichtig gewesen. Am besten wäre es, die Kinder erst ab zehn Jahren in die Schule zu schicken."
2. Lena sagte: „In der Schule hat es immer viel Spaß gegeben."
3. Karl sagte: „Früher ist alles ganz anders gewesen. Heute wäre die Freude am Lernen sicher größer, wenn es weniger Ablenkung gäbe."

Pronomen

4

1.

Der Angeklagte sagte aus, …

1. <u>sein</u> Nachbar sei in <u>seine</u> Faust hineingefallen,

2. <u>sein</u> Bierkrug habe sich selbstständig gemacht und das bedauernswerte Opfer ohne <u>seine</u> Schuld verletzt,

3. <u>er</u> beantrage wegen <u>seiner</u> erwiesenen Unschuld Schadensersatz für das verschüttete Bier,

4. <u>er</u> bitte um ein mildes Urteil. <u>Seine</u> Freunde vom Stammtisch würden sich nach <u>ihm</u> sehnen.

2.

<u>Ein Bekannter berichtet:</u> Cristiana sagte, sie fahre gerne mit ihrer Mutter nach München. Dort träfen sie ihren Freund. Mit dem würden sie dann vietnamesisch essen gehen.

<u>Cristianas Mutter berichtet:</u> Cristiana sagte, sie fahre gerne mit mir nach München. Dort träfen wir unseren Freund. Mit dem würden wir dann vietnamesisch essen gehen.

<u>Cristianas Freund:</u> Cristiana sagte, sie fahre gerne mit ihrer Mutter nach München. Dort träfen sie mich. Mit mir würden sie dann vietnamesisch essen gehen.

3.

Der Lehrer R. S. hat in Tokio den Wettbewerb der größten Schreihälse gewonnen. Er meinte, durch sein tägliches Training in der Schule sei es gar nicht schwer gewesen. Seine Schüler könnten nicht still sein, deshalb müsse er immer sehr laut reden. Im Wettbewerb brachte er es auf satte 116,7 Dezibel (sehr starker Verkehrslärm: 100 Dezibel). Das Preisgeld von 700 € werde an seine Schüler verteilt. Die könnten nämlich noch lauter sein als er, behauptete der lautstarke Lehrer. Nächstes Jahr werde er wieder am Wettbewerb teilnehmen.

4.

Der junge Held sagte unserem Reporter:

„Er ist mir aufgefallen, weil er seine Zeitung verkehrt herum gehalten hat."

„Ich habe mich ihm in den Weg gestellt und die gestohlene Handtasche zurückverlangt."

„Erst hinterher bin ich mir der Gefahr bewusst geworden."

„Die Feier im Rathaus regt mich mehr auf als der Diebstahl."

5 Satzarten

1.

In einem alten Benimmbuch stand, die Menschen sollten

1. den Ellbogen nicht auf den Tisch stützen,
2. aufrecht sitzen,
3. sich nicht mit der Schulter an den Stuhl lehnen,
4. sich nicht am Kopf kratzen,
5. das Nasenbohren sein lassen,
6. sich auf die Seite wenden, wenn sie husten,
7. nicht an den Speisen riechen,
8. nichts vom Mund auf den Teller legen.

2.

Da gab es einmal einen Jungen, der wollte immer alles wissen. Und so hat er seinen Vater gefragt,

1. wie dick das Eis am Südpol sei,
2. ob das Murmeltier im Winter länger schlafe als der Igel,
3. ob es in Deutschland mehr Katzen als Hunde gebe,
4. warum Fallschirme in der Mitte ein Loch hätten,
5. ob man einen Lügner an seinem Lächeln erkennen könne,
6. wie ein Tischtennisball hergestellt werde.

3.

Eine Maus lud einen Frosch zu sich in die Vorratskammer eines reichen Mannes ein und forderte ihn auf, er solle nach Herzenslust essen und sich die besten Speisen nehmen. Nach der Mahlzeit lud der Frosch die Maus zu sich ein, sie solle mit ihm kommen und sich an seinen Schätzen mästen. Als sie an einen Fluss kamen, fragte die Maus, wie sie ans andere Ufer komme und ob er sie hinüberbringe. Der Frosch sagte, er binde ihren Fuß an seinen, damit sie nicht ertrinke. Als die Maus merkte, dass der undankbare Frosch sie ertränkte, sagte sie, sie werde von ihm getötet werden. Aber er solle Acht geben. Ein Stärkerer werde sie rächen. Kurz darauf schoss ein Habicht vom Himmel herab und verschlang Maus und Frosch.

II Indirekte Rede

Schlusstest: Indirekte Rede

Test 1

Vor fast 2000 Jahren war man der Meinung,

1. die Bienen seien nur zum Nutzen für die Menschen geschaffen.
2. sie verkröchen sich (würden sich verkriechen) beim Untergang des Siebengestirns und ruhten (würden ruhen) bis zur Blütezeit der Bohnen.
3. sie trügen (würden tragen) das Bienenbrot zusammen; es schmecke recht bitter und diene ihnen als Nahrung.
4. in der Nacht schliefen sie (würden schlafen) auf dem Rücken; mit ihren Flügeln würden sie sich vor dem Tau schützen.
5. bei Sturm nähmen sie fürs Gleichgewicht ein Steinchen und flögen (würden fliegen) nur in Bodennähe.
6. faule Bienen würden von den anderen mit dem Tode bestraft.

Test 2

Baron Münchhausen behauptet,

1. er sei auf einer Kanonenkugel ins Lager der Feinde geritten.
2. in Russland sei es so kalt gewesen, dass die Töne in seinem Jagdhorn eingefroren seien.
3. eines Morgens habe sein Pferd an einer Kirchturmspitze gehangen.
4. er habe einen Hirsch mit Kirschkernen geschossen. Aus denen sei dann ein Baum gewachsen.
5. sein treuer Hund habe sich die Beine abgelaufen, so schnell sei er gewesen.

Test 3

Ein Fuchs kommt zu einem Esel und sagt, er sei ein hochansehnliches Tier, und man nenne ihn den Freund der Freude. Ob er mit ihm im Wald spazierengehen wolle? Der Esel fragt, was es dort zu sehen gebe. Da schwärmt der Fuchs, es warte eine wunderschöne Eselin auf ihn. Sie werde ihm nicht widerstehen können. Er solle ihm glauben. Und so gehen der Fuchs und der Esel zusammen in den Wald.

149

Indirekte Rede **II**

Test 4

Im Wald wartet der Löwe. Der Esel verstummt vor Schreck. Der Fuchs aber sagt zum König der Tiere: „Ich freue mich, dich zu sehen. Zum Frühstück bringe ich dir diesen fetten Esel mit. Lass es dir gut munden! Und womit kann ich dir noch dienen?" Der ernste Löwe spricht: „Der Esel wird mir zur Mahlzeit dienen. Dich selbst will ich zum Frühstück wählen." Und zu den Menschen gewandt rät der Löwe: „Hasst den Verräter und nützt den Verrat!"

Test 5

1. J. H. gab zu, von der Bayernliga habe er keine Ahnung.
2. S. S. betonte, von einem Mannschaftskapitän erwarte er mehr als den Gewinn der Seitenwahl.
3. B. B. sagte mit entwaffnender Ehrlichkeit: „Der Beruf als Manager interessiert mich nicht. Da muss man 48 Stunden am Tag arbeiten."
4. P. L. meinte vor dem Abflug, sie müssten zuerst in Moskau spielen. Da könne er seiner Frau ein Döschen Kaviar mitbringen.
5. F. G. warf dem Fußballverband vor: „Er stellt immer nur Weichen für Züge, die längst abgefahren sind."

Test 6

1. Christian sagt: „Das Fernsehen ist ein Kasten, den mein Vater um 7 Uhr abends anstellt und um Mitternacht ausmacht."
2. Anja bemängelt: „Die Leute sehen sich die Werbung über Diät an und verschlingen dabei Unmengen von Pommes frites."
3. Meike behauptet: „Ich kenne eine Familie. Dort gibt es sechs Fernseher, aber keine Bücher im Regal."
4. Viktor empfiehlt: „Kinder sollen nie bei den Hausaufgaben vor dem Fernseher sitzen."
5. Ulrike bemerkt: „Die Ansagerinnen ziehen jeden Abend ein neues Kleid an."
6. Tobias rät: „Man kann nach dem Fernsehen draußen in den Pfützen herumtoben."

Verzeichnis grammatischer Fachausdrücke

Fachausdruck	Bedeutung	Beispiel
Adverbialsatz	Umstandssatz	**Nachdem ich gegessen habe,** ruhe ich mich aus.
Adversativsatz	Nebensatz, der einen Gegensatz bezeichnet	**Während ich ein Buch lese,** sitzt du vor dem Fernseher.
Attributsatz	Beifügesatz	Das Haus, **in dem mein Großvater wohnt,** liegt an einem See.
Direkte Rede	Wörtlich wiedergegebene Rede	Der Angeklagte sagte: **„Ich bin wirklich unschuldig."**
Entscheidungsfrage	Ja-/Nein-Frage	Rufst du mich an?
Ergänzungsfrage	Frage mit Fragewort, W-Frage	Wann rufst du mich an?
Finalsatz	Zielsatz, Absichtssatz	Ich muss mich beeilen, **damit der Zug nicht ohne mich abfährt.**
Gliedsatz	Nebensatz in der Rolle eines Satzglieds	**Wenn ich mit dem Training fertig bin,** komme ich zu dir.
Hauptsatz	Selbstständiger Satz	Es war einmal ein Schuster. Der hatte drei Söhne.
Indirekte Frage	Abhängige Frage	Ich frage dich, **ob du mich anrufst / wann du mich anrufst.**
Indirekte Rede	Berichtete, nichtwörtliche Rede	Der Polizist berichtet: Der Angeklagte sagte, **er sei unschuldig.**
Instrumentalsatz	Umstandssatz des Mittels	Bienen verständigen sich, **indem sie eine Art Tanz vorführen.**

Verzeichnis grammatischer Fachausdrücke

Fachausdruck	Bedeutung	Beispiel
Kausalsatz	Begründungssatz	**Weil es kalt ist,** ziehe ich meine Pudelmütze an.
Komparativsatz	Vergleichssatz	Ich bin gescheiter, **als meine Eltern vermuten.**
Konditionalsatz	Bedingungssatz	**Falls ich im Lotto gewinne,** schenke ich dir ein Schloss.
Konjunktion, unterordnend	Bindewort, das einen Nebensatz einleitet	**Weil** ich hohes Fieber habe, kann ich dich nicht besuchen.
Konjunktionalsatz	Nebensatz mit unterordnendem Bindewort	**Weil ich hohes Fieber habe,** kann ich dich nicht besuchen.
Konsekutivsatz	Folgesatz	Ich bin so schnell, **dass mich keiner erwischt.**
Konzessivsatz	Einschränkungssatz	**Obwohl ich keine Lust habe,** mache ich meine Hausaufgaben.
Modalsatz	Umstandssatz der Art und Weise	Ich schlich zum Kühlschrank, **ohne dass es jemand bemerkte.**
Nebensatz	Abhängiger, unselbstständiger Satz	Ich freue mich, **weil ich heute Geburtstag habe.**
Objektsatz	Nebensatz in der Rolle eines Objekts	Ich sehe, **dass du geweint hast.**
Relativsatz	Nebensatz mit Bezugswort im Hauptsatz	Das Haus, **in dem mein Großvater wohnt,** liegt an einem See.
Subjektsatz	Nebensatz in der Rolle eines Subjekts	Es ist schön, **dass du wieder gesund bist.**
Temporalsatz	Zeitsatz	**Bevor wir in den Urlaub fahren,** gieße ich die Blumen.